Wolfram Frietsch

VERSCHWÖRUNG

Eine kritische Betrachtung

scientia nova

Gewidmet ist dieses Buch:
Lobsang Rampa,
Carlos Castaneda,
Robert Shea und Robert Anton Wilson.

Bibliografische Information der Deutschen Bibliothek.
Die Deutsche Bibliothek verzeichnet diese Publikation in der Deutschen Nationalbibliografie; detaillierte bibliografische Daten sind im Internet über http://dnb.ddb.de abrufbar.

Erste Auflage

Printet in Germany

978-3-935164-19-1

Wolfram Frietsch

VERSCHWÖRUNG

Eine kritische Betrachtung

scientia nova

Inhalt

Verschwörungstheorien

Wenn drei sich verschwören,
sind zwei davon Regierungsbeamte
und einer ein Idiot.

Über die erste Verschwörung

Wo trifft man auf die älteste aller Verschwörungen? Richtig: im Alten Testament. Genauer im Buch *Genesis*, Kapitel 3, Vers 1–24. Dort lesen wir über den Fall des Menschen, den Sündenfall von Adam und Eva sowie die Geschichte mit dem Apfel und der Schlange. Die Bibel berichtet davon so:

> Und die Schlange war listiger als alle Tiere auf dem Felde, die Gott der HERR gemacht hatte, und sprach zu der Frau: Ja, sollte Gott gesagt haben: Ihr sollt nicht essen von allen Bäumen im Garten? Da sprach die Frau zu der Schlange: Wir essen von den Früchten der Bäume im Garten; aber von den Früchten des Baumes mitten im Garten hat Gott gesagt: Esset nicht davon, rühret sie auch nicht an, dass ihr nicht sterbet! Da sprach die Schlange zur Frau: Ihr werdet keineswegs des Todes sterben, sondern Gott weiß: an dem Tage, da ihr davon esst, werden eure Augen aufgetan, und ihr werdet sein wie Gott und wissen, was gut und böse ist (Gen 1, Mose 3, 1–6, LU).

Die Schlange schürt bei Eva Zweifel an Gottes Gebot, unter keinen Umständen von der Frucht des „Baumes der Erkenntnis" zu essen. Der Zweifel fruchtet und Eva überzeugt Adam, das Gebot Gottes zu übertreten mit der Folge, dass beide sich ihrer Nacktheit bewusst werden und vor Gott verstecken. Kurze Zeit später werden sie aus dem Paradies vertrieben. Wir kennen dies als den Sündenfall, als Verlust der paradiesischen Unschuld zugunsten eines Aktes der Erkenntnis.

Aber kann man diesen Vorgang als Verschwörung werten und im Zuge einer Verschwörungstheorie deuten?

Betrachten wir das Ganze im Kontext der christlich-abendländischen Weltsicht: Es gibt eine Allianz zwischen der Schlange und Eva (Verschwörung 1), von Eva mit Adam (Verschwörung 2) und im übergeordneten Sinne der Schlange mit Eva und Adam gegen Gott (Verschwörung 3).

Wenn wir die religiöse Botschaft beiseite lassen, haben wir es in Ansätzen mit dem Muster einer klassischen Verschwörung zu tun. Zunächst einmal geht es darum, eine bestehende Ordnung aufzubrechen. Das geschieht nicht offen, sondern verdeckt, indem Zweifel gesät werden und das Wissen darüber exklusiv, d. h. nur wenigen Menschen vorbehalten bleibt, denn je weniger davon wissen, desto erfolgreicher wird das geplante Unternehmen sein. In der Tat wissen lediglich Eva und die Schlange – später auch Adam – davon. Aber, und das ist das Bemerkenswerte, wir haben es hier mit einer „doppelten" Verschwörung zu tun, denn über die „wahren" Pläne der Schlange sind Eva und Adam nicht informiert. Sie wissen weder, warum die Schlange Zweifel säen will, noch dass sie etwas im Schilde führt.

Die Schlange ist nur vordergründig daran interessiert, dass Eva und Adam vom „Baum der Erkenntnis" kosten. Ihr Ziel ist es vielmehr, Unordnung in die paradiesische Ordnung zu bringen. Was nützt ihr das?, ist die entscheidende Frage.

Der Grund liegt wohl darin, die absolute Macht Gottes zu erschüttern oder infrage zu stellen. Um ihre Absichten zu verschleiern, gibt sie vor, ein anderes Ziel zu verfolgen, indem sie Zweifel sät und das Gebot Gottes gegen Gott selbst wendet.

Ihren eigenen Einwand, Adam und Eva dürften im Paradies doch alles tun, legt die Schlange so aus, dass dies auch den „Baum der Erkenntnis" einbeziehe. Aber genau von diesem sollten sie sich fernhalten. Die Schlange nutzt einen Widerspruch oder eine „dunkle Stelle“ in Gottes freimütigem Gebot aus. Sie schürt den Zweifel. Dahinter steckt ein strategisches Spiel, bei dem Adam und Eva lediglich Mitspieler sind.

Der „Teufel“ in Gestalt der Schlange fordert Gott immer wieder heraus, zum Beispiel im Buch Hiob. Er verkörpert eine „dunkle“ Seite der Schöpfung. Seine wahren Absichten werden nicht offengelegt. Werden diese aufgedeckt, wird auch die scheinbare Naivität in der Rede der Schlange als manipulativ erkennbar.

Schießlich gelingt es der Schlange, Eva in das Bündnis gegen Gott zu verwickeln. Die Verschwörung 1 geht von der Schlange aus und verstrickt Eva darin. Mit Verschwörung 2 übernimmt Eva die Initiative und wendet sich mit Adam gegen Gott, um eines seiner Gebote zu übertreten. Und im Hintergrund agiert die Schlange, deren wahre Absichten vorerst unbekannt sind. Faktisch ist es Absicht der Schlange, Adam und Eva gegen Gott aufzubringen. Zu diesem Zweck argumentiert sie wie folgt: Gott habe zwar das Essen vom Baum der Erkenntnis verboten, aber Adam und Eva nicht gesagt, warum. Er habe ihnen doch das gesamte Paradies zur Verfügung gestellt, mit einer Ausnahme: der Früchte des „Baumes der Erkenntnis“. Hat Gott etwas zu verbergen?

Die Schlange hebt genau den Umstand dieses Widerspruches hervor: Die Möglichkeit, im Paradies mit einem Widerspruch zu leben, ist ausgeschlossen.

Warum kann es im „ganzen“ Paradies, d. h. im Paradies der Ganzheit, eine Ausnahme geben? Welcher Sinn verbirgt sich darin? Traut Gott ihnen nicht? Darüber hinaus gibt es weitere Fragen: Warum wurde Eva wirklich von der Schlange verführt? Was ist das wahre Interesse der Schlange? Wer steuert die ganze Sache?

Solche Überlegungen bilden den Kern einer Verschwörungstheorie mit dem Ziel, verborgene Zusammenhänge aufzudecken, Manipulationsmechanismen aufzuzeigen und geheime Drahtzieher zu entlarven. Dabei wird alles infrage gestellt, sogar das Ereignis selbst, und es werden Überlegungen und Hypothesen zu den „wahren“ Gründen angestrengt (Verschwörung 3). Verschwörungstheoretische Fragen werden nicht von den „Verschwörern“ gestellt, sondern von jenen, die den Blick von außen auf die Verschwörung richten.

Wann immer dies der Fall ist, haben wir es mit einer Verschwörungstheorie zu tun. Eine Trennung von Verschwörung und Verschwörungstheorie ist notwendig, um sichere Erkenntnisse zu gewinnen.

Mit jeder Einsicht in die Mechanismen einer Verschwörung stellt sich heraus, dass sie stets ein anderes Erscheinungsbild zeigt. Sie lenkt durch ihr Wesen von sich selbst und ihrem eigentlichen Ziel ab. Das Wohl des einen ist das Weh des anderen.

Die unheilvolle Propagandaphrase im Dritten Reich: „Ein Volk, ein Reich, ein Führer!“ suggerierte im Prinzip etwas Ähnliches. Sie besagt, dass es eines Führers bedarf, um ein Reich und ein Volk zu sein. Doch aus welchem Grund? Wenn ein Volk und ein Reich ohnehin bestehen, warum muss dann jemand noch das alleinige „Sorgerecht“ als Führer für sich beanspruchen, für etwas, das aus sich heraus zu existieren vermag und bereits existiert? Und warum nur „ein“ Führer und nicht mehrere?

Objektiv betrachtet gibt es keinerlei Notwendigkeit für genau „einen“ einzigen Anführer. Dennoch wird eine solcher Bedarf suggeriert. Das eine ist die Aussage „Volk – Reich – Führer“, das andere ist die theoretische Aufarbeitung dieser Suggestion: Warum bedarf es eines Führers, um etwas bereits Bestehendes zu stützen? Antwort: Es gibt keinen Bedarf für ausschließlich einen Anführer. Es lassen sich andere Möglichkeiten denken, um zu regieren, beispielsweise ist eine demokratische Lösung möglich. In diesem Sinne lenkt eine Verschwörung die Aufmerksamkeit von etwas ab, das offensichtlich ist und keiner Erklärung bedarf und bietet stattdessen eine Erklärung an, die streng genommen nicht benötigt wird.

Nehmen wir einmal an, dass alles und jeder von einer geheimen Macht kontrolliert wird. Dann stellt sich die Frage, warum soll dem so sein? Wer hat ein Interesse daran? Was sind die Folgen dieser Steuerung? Konsequent zu Ende gedacht, bliebe allein der Verdacht auf Manipulation übrig. Doch Manipulation um ihrer selbst willen nützt niemandem. Denn gäbe es einen geheimen Weltführer, wen oder was würde er führen wollen, wenn niemand von ihm wüsste? Was nützt er den Menschen, wenn sie ihn weder kennen noch über ihn sprechen dürfen? Wer sind seine Helfer? Seine Vertrauten? Und was noch verwirrender klingt: Warum weiß jemand etwas über ihn, wo doch alles so „geheim" ist?

Die Absicht, eine Verschwörung exquisit für Auserwählte nachzuweisen, führt nur vordergründig zu einer Verschwörungstheorie. Man beharrt auf den Fakten und Tatsachen der Verschwörung. Da diese aber einer Überprüfung nicht standhalten, weil vieles „geheim" ist und nicht „alles" gesagt werden darf, haben wir es nicht mit einer Verschwörungstheorie zu tun, sondern mit einer weiteren Verschwörung, einer Verschwörung 2.0!

Eine solche Verschwörung 2.0 gleicht der Suche nach der Weltformel in der Hoffnung, dass, wenn man die richtige Theorie gefunden hat, alles mit allem zusammenpasst und alles erklärt werden kann: Man ist dann im Besitz der „Wahrheit". Doch bleibt Wahrheit trügerisch, weil sie nie vollständig sein wird. Dementsprechend wird eine solche Theorie ein Opfer ihrer eigenen Vorgaben.

Diesen Kreislauf gilt es zu durchbrechen. Dafür müssen aber die Bausteine einer Verschwörungstheorie bekannt sein.

Wesentliche Elemente einer irregeleiteten Verschwörungstheorie:

1. Ein Ereignis erscheint rätselhaft, widersprüchlich oder geheimnisvoll.
2. Es wird vermutet, dass es etwas anderes bedeutet, als es aussagt oder sich etwas dahinter verbirgt, was sich auf den ersten Blick nicht erkennen lässt.

3. Die Suche nach einer verborgenen oder geheimen Bedeutung beginnt. Es ist möglich, dass jemand etwas vom Hörensagen weiß (jemand hat jemanden etwas sagen hören) oder man ahnt, was der wahre Sinn und Zweck hinter einem Sachverhalt sein könnte.
4. Es werden Vermutungen über das Ereignis und die Rolle der beteiligten Akteure angestellt. (Kontrollieren und steuern geheime Kräfte unser Leben?)
5. Widersprüchliche Erzählungen kursieren, es werden Fragen aufgeworfen, Antworten gegeben und wieder verworfen, neue Fragen gestellt, usw. Eine Theorie wird als Erklärungsmodell präsentiert. Alles wird bedeutsam und alles wird bewertet.
6. Am Ende ist man genauso ratlos und verwirrt wie am Anfang. Es gibt keinen standfesten Boden und kein gesichertes Wissen, auf das man zurückgreifen kann, sondern nur Spekulationen und mehr oder weniger beweisbare Annahmen, die aber so vertreten werden, als seien sie die einzige Wahrheit.

Letztlich versagen bewährte Kommunikationsmittel wie rationale Argumente und vernünftige Begründungen, denn alles kann durch Argumente widerlegt und neu bewiesen werden. Ein objektiver Maßstab für eine Theorie über die Verschwörung fehlt.

Alles kann infrage gestellt werden: nicht nur der Verlauf und die Deutung eines Ereignisses, sondern auch seine Intention bis hin zum Verdacht auf Hintergründigkeit und dass alles gar Teil einer Inszenierung sein könnte. Selbst der Aufklärer einer Verschwörung könnte ein „Doppelagent“ sein. Letztlich geht es nicht mehr um die Aufklärung und Offenlegung von Fakten oder Sachinformationen, weil diese schnell in den Dienst der Manipulation und Verschleierung gezogen werden. Eine solches verschwörungstheoretisches Gebaren wird so zu einer Verschwörung 2.0.

Wie unterscheidet sich eine Verschwörungstheorie im Sinne einer Verschwörung 2.0 von einer seriösen Verschwörungstheorie?

Bei seriöser Theoriebildung kommt es auf Folgendes an: Erstens auf die kritische Reflexion des eigenen Standpunktes. Das besagt, im Bewusstsein vorzugehen, dass alle Theorien vorläufig sind und einen erkenntnistheoretischen Wert darstellen, bis eine bessere Theorie gefunden wird (Falsifikation). Des Weiteren fehlt das Sendungsbewusstsein, das Verschwörungstheoretiker im Sinne von Verschwörung 2.0 kennzeichnet. Eine seriöse Verschwörungstheorie bleibt neutral in ihrer Argumentation, kritisch in der Reflexion und argumentiert weder manipulativ noch absolut. Ganz anders als die Schlange im Buch Genesis.

Das dortige Beispiel des Sündenfalls bietet sich als Archetyp für jede Verschwörung an: die vermeintliche Inszenierung eines Ereignisses, das nicht ist, was es zu sein scheint, und das Folgen zeitigt, die nicht beabsichtigt sind und doch herbeigeführt werden wollen.

Der Archetypus der Verschwörungstheorie ist gekennzeichnet durch Zweifel, Mehrdeutigkeit, Ungewissheit und die Aussicht, diese Dämonen in einem geeigneten Erklärungsmodell zu bannen. Das weiß man aber nur, weil man an Erklärungen und Interpretationen zweifelt, und zwar im doppelten Sinne, einmal in Bezug auf das Ereignis selbst und einmal in Hinblick auf dessen Interpretation. Letzteres bildet die Grundlage einer Verschwörungstheorie, ersteres kann das Fundament für eine Verschwörung 2.0 vorbereiten.

Der Zweifel ist die Triebfeder jeder „echten" Verschwörungstheorie. Er ist der Grund, warum man sich auf die Suche begibt und manchmal jahrelange quälende Recherchen auf sich nimmt. Doch wonach sucht man?

Nach dem Gegenteil von Zweifel: nach sicherem Wissen! Nach der Gewissheit, herauszufinden, wie ein Ereignis stattgefunden hat, was es bedeutet und inwieweit es sich erklären lässt. Es geht nicht darum, weiterhin Verschwörungen zu liefern, sondern in einem aufklärerischen Sinne zu wirken, die Verzauberung wieder zu entmystifizieren, den vermeintlichen Bann des Weltbildes zu lösen und dem tiefen Grau eine bunte Vielfalt entgegenzusetzen.

Halten wir fest: Es gibt (vermutete) Verschwörungen und es gibt den Versuch, sie zu erklären (Verschwörungstheorie). Das sind die beiden Grundbausteine. Darüber hinaus kann es eine Verschwörung über eine bestehende Verschwörung geben. Sie hat die Aufgabe, entweder weitere Zweifel zu säen oder eine bestehende Verschwörung auszubauen. Man kann von einer Verschwörung 2.0 sprechen, im Sinne der Fortsetzung einer Verschwörung mit anderen Mitteln. Das alles ist in unserer Lebenswelt zu finden, wie am Beispiel der Illuminaten zeigbar wird.

So gab es die historischen Illuminaten, die eine belegbare Zeitspanne umfassten und im Geheimen operierten (= Verschwörung).

Es gibt vermeintliche Verschwörungstheorien um die Illuminaten, die besagen, dass diese nach ihrer Auflösung am Ende des 18. Jahrhunderts weiter existieren, obwohl es dafür keinen Hinweis gibt, und dass diese neuen Illuminaten vom historischen Illuminatentum abweichen und zwar je nach Theorie so weit, dass sie die Ideen der ursprünglichen Illuminaten in ihr Gegenteil zu verkehren vermochten (= Verschwörung 2.0).

Und es gibt Forschungen, die das Illuminatentum aufarbeiten und neu bewerten, sich historischer Quellen bedienen, Annahmen von Beweisen trennen, Fake News durch Tatsachen und Behauptungen durch belegbare Erkenntnisse ersetzen (=Verschwörungstheorien).

Das ist das Grundmuster, dem ich folge. Mein Ziel ist es, Spekulationen, unbegründete Annahmen und andere unbewiesene Behauptungen anhand weniger Beispiele zu zerlegen. Die Grundlage ist eine rationale, vernünftige und nachvollziehbare Darstellung. Querdenken ist nicht die Absicht dieses Textes. In diesem Sinne handelt es sich um eine Darstellung der Verschwörungstheorie, die davon ausgeht, dass die Welt komplex und rätselhaft genug ist und ihr nichts zusätzlich angedichtet werden muss, das ihr nicht entspricht.

Verschwörungstheorien sind Theorien

Verschwörungstheorien sind Theorien über Verschwörungen. Bei einer Theorie handelt es sich immer um eine Annahme oder eine Vermutung, die anhand von Tatsachen überprüft werden muss. Eine Theorie kann zutreffen oder nicht. Dasselbe gilt für eine Verschwörungstheorie. Eine Theorie soll im besten Fall eine Begründung dafür liefern, warum etwas genau so stattgefunden hat. Sie soll Argumente liefern, warum etwas so ist und nicht anders.

Um eine Theorie zu begründen, benötigt man Beweise oder Argumente. Sie stützen die Theorie und helfen, einen Sachverhalt zu begründen, von dem man annimmt, dass er begründbar ist und dass seine Begründung nicht so ohne Weiteres offenliegt. Wäre Letzteres der Fall, bräuchte man keine Theorie.

Bei einer Verschwörungstheorie erleben wir Ähnliches mit einem kleinen Unterschied: Eine Verschwörungstheorie ist kein Indiz und kein Garant für eine Verschwörung. Es kann Verschwörungstheorien geben, die auf keiner Verschwörung fußen. Eine Verschwörungstheorie ist eine Vermutung.

Sie drückt einen Verdacht aus, dass etwas so und so sein könnte. Dieser Verdacht, der anfangs nur wage sein kann, erhärtet sich (oder auch nicht) durch Hinweise, Belege und Material, das zusammengetragen wurde und verdichtet sich zu einer Theorie.

Eine Verschwörungstheorie kann auf eine Verschwörung verweisen, auf eine, die stattfindet oder bereits stattgefunden hat. Im ersten Fall ist die Verschwörung noch in vollem Gange; im zweiten Fall abgeschlossen. In beiden Fällen aber soll eine Verschwörungstheorie die Frage beantworten: Warum diese Verschwörung? Welches Ziel und welche Absicht hat sie? Wer steckt dahinter? Was bedeutet sie? Was ist ihr Zweck?

Verschwörung und Heilserwartung

Verschwörungen haben große Ähnlichkeit mit religiöser Heilserwartung. Die Suche nach verborgenen Zusammenhängen sind Ausdruck einer eschatologischen Haltung und der Sehnsucht danach, dass alles mit allem zusammenhängt. Verschwörung ist Ausdruck einer Sehnsucht nach Ordnung, einer universalen, übermenschlichen, kosmischen, göttlichen Ordnung.

Denn wenn alles mit allem zusammenhängt, dann hat alles seinen Platz. Dann gibt es böse und gut, dann gibt es richtig und falsch. Dann gibt es Menschen, die es gut mit mir meinen und solche, die das nicht tun. Dann weiß ich endlich, woran ich bin.

In den 1920er-Jahren schrieb der Soziologe Max Weber: „Die Moderne ist entzaubert." Entzaubert meint nicht nur, dass alles offen vor uns liegt, sondern auch, dass wir eine Ordnung nicht mehr ohne Weiteres erkennen können, dass nicht mehr ein numinoses transzendentes Etwas der Welt Sinn verleiht.

Da wir in der Moderne leben, sind auch wir Opfer dieser Entzauberung. Und doch fühlen wir uns nicht sehr wohl in einer Welt, der der Zauber fehlt, seine eigentümliche Heimeligkeit, seine Wärme und Geborgenheit. Möglicherweise wird deshalb nach dem verloren gegangenen Zauber gesucht, der die Welt wieder zusammenführt. Moderne bedeutet Zersplitterung, Unvorhergesehenes, Kälte, Disharmonie, Unordnung bzw. Chaos. Moderne meint aber auch, dass wir es selber sind, die der Welt Sinn verleihen. Jedoch: aus welchem Grund heraus? Haben wir nicht eben jenen transzendentalen Grund verloren, der sinnstiftend wirkt? Kann eine Verschwörungstheorie demnach nicht auch Ausdruck von Hoffnung sein, eine Ordnung wiederzufinden, die auf immer verloren schien?

Verschwörungen:
Was alles dazugehört

Vernunft allein ist kein ausreichendes Instrument bei der Begegnung mit einer Verschwörung. Mit vernünftigen Argumenten können Verschwörungsmythen ebenso wenig belegt wie widerlegt werden. Wäre dem nicht so, blieben die vielen Bücher, die es darüber gibt, ungeschrieben und ungelesen.

Das Merkwürdige dabei ist, dass alle Bücher, Schriften, Filme oder Internetbeiträge, die Verschwörungen theoretisieren, durchaus vernünftig argumentieren, während sie gleichzeitig einen Rest an Unbehagen zurücklassen.

Nehmen wir einmal an, eine Verschwörung ließe sich mit Argumenten offenlegen, vorausgesetzt, diese wären hieb- und stichfest und für „alle“ einsehbar? Wäre das im Sinne einer Verschwörung?

Eine Verschwörung setzt die Verheimlichung ihrer Pläne und Vorhaben voraus. Durch eine Argumentationskette, die diese Absichten offenlegte, gäbe es strenggenommen keine Verschwörung mehr. Denn: wie könnte etwas existieren, von dem deutlich gemacht wird, dass es dieses Etwas gar nicht gibt? Genau das ist es, was eine Theorie über Verschwörungen will: sichtbar machen, was verborgen ist. Bei einer vollkommen überzeugenden und lückenlosen Darstellung verliert sich das eigentliche Subjekt der Aufdeckung (die Verschwörung) samt ihrer Mythen.

Eine Verschwörung lebt von einem dunklen Rest. Sie kokettiert mit dem Gedanken ihrer Nichtauflösung, mehr noch, sie fordert ihn ein. Anders verhält es sich mit einer bereits abgeschlossenen Verschwörung wie beispielsweise den Illuminaten des 18. Jahrhunderts. Diese Bewegung um Adam Weishaupt ist historisch in sich geschlossen und hat keine politische Relevanz mehr. Sie kann auf der Grundlage von Quellenmaterial neu bewertet werden. Deshalb können wir schließen: Ist eine Verschwörung zeitlich und inhaltlich beendet, kann an ihrer Aufdeckung gearbeitet werden. Ist sie noch im Gange, entzieht sie sich einem argumentativen Beweis. Woran liegt das? Wie ist das zu erklären? Liegt es daran, dass es keine Verschwörungen oder Weltverschwörung gibt? Liegt es daran, dass die Argumente nicht stichhaltig genug sind? Oder liegt es daran, dass die Argumentation der Logik entbehrt?

Relevant zu sein, ist Grundanliegen einer jeden Verschwörung. Das bedeutet, dass eine Verschwörung als solche nur existiert, wenn sie noch im Umlauf ist. Solang sie aber lebendig ist, steht die argumentative Beweisführung aus. Mit Argumenten kann eine aktive Verschwörung weder bewiesen noch aufgedeckt werden, da alle Argumente jederzeit in Gegenargumente umgewandelt werden können, um die Nichtoffenlegung zu schützen, die die Bedingung von Verschwörung ist. Doch jetzt drehen wir uns endgültig im Kreis.

Was wie ein Taschenspielertrick klingt, offenbart das Grundproblem und die Aussichtslosigkeit jeglicher Argumentation. Eine Verschwörung vollständig zu beweisen, ist nicht möglich. Auch auf die Gefahr hin, mich zu wiederholen: sie abzuleugnen ebenfalls nicht und alle Argumente ihrer Beweisführung können jederzeit auch Gegenbeweise sein. Die gesunde Naivität, mit der die Welt gemeinhin betrachtet wird, schwindet und zurück bleiben Zweifel und Zwiespalt. Letztendlich haben wir es mit einem Verschwörungs-Paradoxon zu tun. Verschwörungsparadoxon bedeutet: Sobald eine Verschwörung hinreichend untersucht wurde, ist sie verschwunden oder im eigentlichen Sinne beendet.

Zweifel und Zwiespalt bilden letztlich den geheimen Motor, sowohl bei der Erschaffung und Nährung einer Verschwörung als auch beim interessierten Erforscher und Aufdecker derselben. Daraus speist sich die Energie, der solche Theorien über die Jahrhunderte hinweg am Leben erhält.

Gleichgültig bleibt, ob man an derartige Theorien glaubt oder nicht oder ob es Verschwörungen gibt oder nicht. Was sich über die Jahrhunderte hinweg beobachten ließ, ist jene Antriebskraft aus

Zerrissenheit und Zweifel, die unermüdlich Licht in ein Dunkles zu bringen drängt, das man möglicherweise sogar selbst erzeugt hat.

Fazit: Eine Verschwörung schafft ihre eigene Wirklichkeit auf der Grundlage ihrer eigenen Annahmen. Als Verschwörungswelt muss sie anders beschaffen sein und keinesfalls so, wie es allgemeiner Konsens ist. Wenn sich nun die bestehende Wirklichkeit gegen eine solche neuartige Weltsicht wehrt, ist das Wasser auf den Mühlen der Verschwörer. Die Abwehr ist als Eingeständnis dafür zu werten, dass die bestehende Wirklichkeit manipuliert sei. Eine manipulierte Welt bedarf aber dringend der Offenlegung und zwar mittels einer Verschwörung. Zwei Welten treffen aufeinander: Aus Verschwörersicht ist die Weltsicht der „normalen Menschen“ eine einzige Verschwörung. Für die anderen sind die Ansichten der Verschwörer lediglich Täuschungen. Verschwörungsdenkern ist eine Welt, die sich gegen Verschwörungsgedanken sperrt, grundsätzlich verdächtig. Was verdächtig ist, kann nur Opfer einer Täuschung sein und davon möchte die Verschwörung befreien.

Behauptet eine Verschwörung beispielsweise, dass die Welt von dunklen Mächten gesteuert sei, dann ist eben die überwiegende Mehrheit der Menschen, die das nicht so sieht, verblendet. Für die Verschwörer gilt das nicht, denn diese sehen sich ja (wie und woher auch immer) im Besitz der Wahrheit. So sind sie zu einer Verschwörung gezwungen, weil die Welt entweder nicht bereit ist oder die Wahrheit nicht leichtfertig mitgeteilt werden darf oder die Zeit noch nicht gekommen ist oder …

Demnach wäre eine kleine Minderheit im Besitz der Wahrheit (Verschwörer), während die Mehrheit sich täuschen lässt. Dass die Minderheit eine eigene Welt erzeugt hat, ist doch nur die Meinung der Mehrheit und diese unterliegt bewiesenermaßen ja der Täuschung.

Greifen wir den Gedanken an jahrhundertelang wirksame Antriebskräfte für bestimmte Verschwörungen noch einmal auf: Es ist schwer zu erklären, wie sich eine Verschwörung über einen so langen Zeitraum hinweg nicht nur als Theorie in den Köpfen der Menschen, sondern auch in der Praxis fortpflanzt. Wie kann eine Idee, beispielsweise jene, dass Illuminaten (oder andere Organisationen) an „allem" schuld seien, jahrhundertelang auf fruchtbaren Boden fallen?

Das entbehrt einer gewissen Logik: Wer einmal darüber nachgedacht hat, wie mühsam sich etwas von Generation zu Generation „weitervererbt" ahnt, welch leicht verderbliche Ware Informationen und Ideen darstellen und wie rasch ein solch ideeller Vererbungsprozess scheitern kann bzw. wie filigran sich ein solches Unterfangen darstellt, das gar Jahrhunderte (!) überstehen muss. Anders gesagt: Welcher Sohn wird auf seinen Vater hören und genau das tradieren, was dieser will? Eine sehr fragile Transportarbeit und ein Umstand, der berücksichtigt werden sollte, wenn wie selbstverständlich von einer Überlieferung „über Jahrhunderte" die Rede ist.

Nicht, dass so etwas nicht möglich wäre – in Bezug auf hehre Ideale funktioniert es auch und Religion ist das beste Beispiel dafür – aber ist dies auf „alle" Ideen und Ideale anwendbar? Bei allem Verständnis für Ideen, so sind es immer Menschen, die anderen Menschen Ideen nahebringen und sie davon überzeugen müssen, diese Ideen zu ihren eigenen zu machen. Wie gesagt: unmöglich ist es sicher nicht, doch können Zweifel über das Wie angemeldet werden.

Die heutige Forschung geht übrigens davon aus, dass Verschwörungen bewusst manipulativ eingesetzt werden. Sie stehen also nicht nur für eine psychologische Wahrheit des Verschwörers, sondern gehören fest zur politischen Kultur!

Wenn man hingegen als Autor über Verschwörungen schreibt, kann man nur verlieren. Zum einen, weil man Ihnen vorwerfen wird, ein weltfremder Spinner oder Esoteriker zu sein; zum anderen, weil Sie von den Verschwörungsverbreitern mit dem Vorwurf konfrontiert werden, das Offensichtliche nicht sehen zu wollen (oder eben nicht zu können ...). Wie gesagt: Man kann nur verlieren. Und der Leser? Er kann davon profitieren, dass der Autor ihn in eine verworrene, manchmal seltsam verdrehte Welt einführt. Er kann sich kritisch damit auseinandersetzen und notfalls weise den Kopf schütteln, wenn etwas ganz anders ist, als es dargestellt wird. (Zum Glück aber ist jeder Autor auch ein Leser, so dass in dieser Hinsicht beide Seiten etwas davon profitieren).

Eine Verschwörung kann Orientierung geben in einer Welt, in der wir Orientierung dringend nötig haben. Leider (oder dankenswerterweise) scheint die Welt komplexer zu sein, als jede Theorie uns glauben machen will. Aber um das zu verstehen, werden wir uns einige der gängigen Verschwörungen ansehen und sie auf ihren Verschwörungsgehalt hin analysieren!

Eine Verschwörung dient in der Regel dazu, geheime Machenschaften anzuprangern. Man unterstellt, man vermutet, man geht sicher davon aus, dass jemand etwas vertuschen oder verheimlichen will oder dass etwas ganz anders ist als öffentlich dargestellt wird.

Hat die Öffentlichkeit nicht ein Recht darauf, die ganze Wahrheit zu erfahren? Hat sie nicht ein Recht darauf zu erfahren, wie es wirklich war? Das hat sie.

Aber: Wie war es denn wirklich? Was geschah am 11. September 2001, an einem Dienstag, als zwei Verkehrsflugzeuge in die Zwillingstürme des World Trade Center in New York rasten und sie zum Einsturz brachten? Oder besser gesagt, es wird angenommen, dass es so war. Wir werden später klären, warum es hier Zweifel gibt. Oder wer hat das Attentat auf John F. Kennedy verübt? Was haben oder hatten die Illuminaten im Sinn? Haben sie die Französische Revolution am 14. Juli 1789 ausgelöst? Wer waren die geheimen Drahtzieher hinter Hitlers Nazi-Regime? Warum stehen Freimaurer und Juden weltweit an der Spitze von Verschwörungslisten? Und wer ist der heimliche König der Welt?

Schlagen wir also weitere Kapitel im dunklen Buch der Verschwörungen auf. Beginnen wir mit den Hauptverdächtigen innerhalb der Verschwörungen und zwar mit den Illuminaten.

Illuminaten

Um die Ursprünge der Illuminaten freizulegen, müssen wir einige Jahrhunderte zurückgehen und klären, was eine „geheime Gesellschaft“ im 18. Jahrhundert eigentlich ausmachte. Geheimhaltung, Geheimnis und das Geheime hängen eng mit Verschwörung zusammen. Der Autor eines Standardwerks über Verschwörungstheorien, Johannes Rogalla von Bieberstein, gibt einen entscheidenden Hinweis. Der Begriff „geheim“ bedeutet eben nicht Geheimnis. „Vielmehr ist der Begriff ‚geheim‘ als komplementär zu dem spezifisch absolutistischen Begriff der ‚Öffentlichkeit‘ zu verstehen.“ Im 18. Jahrhundert bedeutet *öffentlich*, anders als heute, die Obrigkeit in ihrer absolutistischen Ausrichtung. Öffentlichkeit ist das, was sich präsentiert: Adel und Staat, nicht aber das Bürgertum. Geheim ist demnach im Sinne von Nicht-Obrigkeit zu verstehen und dem privaten Bereich zuzuordnen. Eine geheime Gesellschaft ist eine private, nicht öffentliche Gesellschaft, was bedeutet, dass sie nicht absolutistisch ausgerichtet ist. Sie muss aber nicht notwendigerweise ein Geheimnis verbergen.

Im 18. Jahrhundert gab es eine große Zahl an Geheimgesellschaften. Neben den Illuminaten sind vor allem die Freimaurerlogen und die Verbindungen der Gold- und Rosenkreuzer bekannt. Bei solchen Zusammenkünften waren die sozialen Schranken aufgehoben (oder zumindest wurde das angestrebt). Viele waren unpolitisch.

Der Illuminat Adam Weishaupt meinte, dass „Gott selbst den Trieb nach geheimen Verbindungen in die edleren und schönen Seelen der Menschen“ gelegt habe und er sah bei sich die Verpflichtung auferlegt, „den übrigen zurückgebliebenen Teil der Menschheit zur Vollkommenheit, zur Glückseligkeit zu führen“.

Was bedeutet es, wenn in den geheimen Gesellschaften Standesunterschiede hinfällig sind und Adel und Bürger auf einer Stufe stehen? Wirft man einen naiven Blick auf die Freimaurer, die ihren Logenmeister als Oberhaupt – in monarchistischer Terminologie den Regenten – turnusmäßig wechseln lassen, so wird deutlich, welcher Sprengstoff hinter solchen „harmlosen" Äußerungen steckt. Wenn der „Anführer" abgelöst werden kann, wo bleibt dann der Anspruch des Monarchen auf seine Herrschaft? Die Botschaft ist eindeutig: Monarchen sind austauschbar. Auch der Adel ist ersetzbar. Die Folge davon ist, dass die alte Ordnung, die Monarchie, untergraben wird. Hierzu wollte der Illuminaten-Orden in der Tat beitragen.

Der Illuminaten-Orden wird am 1. Mai 1776 von Adam Weishaupt gegründet. Anfangs noch *Bund der Perfektibilisten* oder auch *Bienenorden* genannt, erhält er allmählich jene ihm eigene Struktur. Weishaupt wurde am 6. Februar 1748 in Ingolstadt geboren und starb am 18. November 1830 in Gotha. Er war Professor für kanonisches Recht und praktische Philosophie in Ingolstadt. Von ihm stammt der folgende Satz: „Wer also allgemeine Aufklärung verbreitet, verschafft zugleich eben dadurch allgemeine wechselseitige Sicherheit, und allgemeine Aufklärung und Sicherheit machen Fürsten und Staaten entbehrlich. Oder wozu braucht man sie sodann?"

Weishaupt, der selbst eine Zeit lang Freimaurer war, sah in der Gründung einer geheimen Gesellschaft ein ideales Instrument, um seine politischen Pläne umzusetzen. Ihm schwebte eine Vereinigung zur Verwirklichung moralischer und politischer Ziele vor, die hierarchisch aufgebaut sein sollte. Hier orientierte er sich an Ignatius von Loyola (1491–1566) und seiner „Gesellschaft Jesu", dem Ende des 18. Jahrhunderts verbotenen Jesuitenorden.

Weishaupt verlangte unbedingten Gehorsam gegenüber ihm selbst und den Ordensoberen. Dies wurde damit begründet, dass die Oberen das Ziel kennen und den Weg wissen. Sie hatten die Vorurteile erkannt und überwunden. Die anderen müssten dies noch lernen und brauchten Führung. Die Illuminaten waren jedoch nicht despotisch oder einseitig autoritär. Jeder, der dem Orden beitrat, konnte zumindest theoretisch zu einem „Oberen“ werden!

Ein Illuminat war der Aufklärung und der Vernunft verpflichtet, so galt das Streben der steten Vervollkommnung des Menschen. Will man aber der Vernunft dienen und sie durchsetzen, dann muss man notwendigerweise gegen jene sein, die unvernünftig sind, also gegen die Feinde von Vernunft.

Das Ziel der Illuminaten war es, dass jeder einzelne Mensch lernt, sich selbst zu führen, anstatt einen Führer zu brauchen oder einem anderen unterworfen zu sein. Im „Priestergrad“ – einem höheren Grad des Illuminatenordens – heißt es: „Jeder Volljährige kann sich selbst vorstehen: wenn die ganze Nation volljährig ist, so fällt der Grund ihrer Vormundschaft hinweg.“ Die Lektüre wissenschaftlicher, naturwissenschaftlicher und politischer Literatur war Pflicht.

In einem Manuskript der Illuminaten kann man lesen: „Durch sie wird der Mensch sich von seinem Fall erholen, Fürsten und Nationen werden ohne Gewalttätigkeit von der Erde verschwinden, das Menschengeschlecht wird dereinst eine Familie und die Welt der Aufenthaltsort vernünftiger Menschen werden. Die Moral wird diese Veränderungen unmerkbar herbeiführen.“

Der Illuminatenorden unterhielt ein eigenes Abkürzungs- und Verschlüsselungssystem. Jedes Mitglied bekam einen neuen Namen. Weishaupt nannte sich „Spartacus“. Freiherr von Knigge, der bis heute bekannte Inbegriff für gutes Benehmen, war lange Jahre erfolgreich im Illuminatenorden und dort als „Philo“ bekannt.

Adolf Franz Friedrich Ludwig Freiherr von Knigge wurde am 16. Oktober 1752 in Bredenbeck geboren und starb am 6. Mai 1796 in Bremen. Er kam bereits 1780 mit den Illuminaten in Berührung. Er war es, der dem Orden seine endgültige Struktur und Organisation geben sollte. Sein von Kindheit an bestehendes Interesse an Geheimgesellschaften brachte ihn auch zur Freimaurerei und führte ihn mit Weishaupt zusammen, dessen treibende organisatorische rechte Hand er schließlich wurde.

Zu den berühmtesten Mitgliedern gehörten neben Herzog Karl August von Weimar, der am 10. Februar 1783 in den Bund der Illuminaten aufgenommen wurde, auch Johann Wolfgang von Goethe, der einen Tag später diesen Schritt vollzog. Ferner sind Friedrich Nicolai, Johann Heinrich Pestalozzi, Ernst II. von Sachsen-Gotha-Altenburg, Ferdinand von Braunschweig-Wolfenbüttel, Karl von Hessen-Kassel, der Lehrer Ludwig van Beethovens sowie Johann Gottfried Herder zu nennen. Sie alle trugen Decknamen und auch die einzelnen Städte und Länder erhielten besondere Namen: „Athen" stand für München, „Ägypten" für Österreich, „Sparta" für Regensburg.

Die Illuminaten waren von ihrer Idee her eine Geheimgesellschaft, die das Gedankengut der Aufklärung weitergeben wollte. Die kursierenden Gerüchte über die Illuminaten als Verschwörer mit Weltherrschaftsanspruch entbehren in Bezug auf die Illuminaten Weishaupts jeder Grundlage. Denn selbst wenn die Illuminaten ihre Pläne verwirklicht hätten, wären letztlich Vernunft und Selbstbestimmung die Folge gewesen.

Was die Illuminaten wirklich wollten, war *Aufklärung* im Sinne des 18. Jahrhunderts und mitnichten Weltherrschaft auf der Basis von Unterdrückung und Macht. Dass sie dabei selber zu Unterdrückern in Bezug auf ihre eigenen Mitglieder werden konnten, war ihnen so nicht bewusst.

Der Illuminaten-Orden des 18. Jahrhunderts hat mit den „modern" verstandenen Bestrebungen, die man den „Illuminaten" heute gerne zuschreibt, wenig zu tun. Im Gegenteil. Die Illuminaten bezogen – so entnehmen wir ihren Schriften – ihre Legitimität aus Bildung, Ehre und ethisch hochwertigen Verbindungen zu Gleichgesinnten. Sie sahen sich nicht durch Reichtum, Korruption oder Macht, sondern durch einen „hervorragenden Verstand" zu Einfluss und Staatslenkung berufen. Freiherr von Knigge schreibt: „Allgemeine Aufklärung zu befördern; sich untereinander zu schützen, beizustehen, und im bürgerlichen Leben jedes Mitglied nach Verdienst und Fähigkeit emporzuheben – das war freilich die herrschende Idee von Allem."

Gemäß ihrer Selbstauffassung waren die Illuminaten ein politischer Geheimbund, der versuchte, Fürsten und Staatsmänner für sich zu gewinnen, um durch moralische Erziehung auf die damalige Gesellschaft einwirken zu können. Der Historiker und Experte für Geheimgesellschaften Richard van Dülmen bringt es auf den Punkt: „Der Geheimbund der Illuminaten war konzipiert als ein Versuch, ohne Revolution durch Organisation von Aufklärung und Moral, durch die Errichtung eines Sittenregiments den durch weltlichen und geistlichen Despotismus depravierten Naturzustand von Freiheit und Gleichheit in der menschlichen Gesellschaft wiederherzustellen." Er führt weiter aus, dass die Illuminaten, obwohl sie ihr Ideal nicht erreichten, „als der erste bekannte politische Geheimbund der Neuzeit ein politisch-gesellschaftliches Phänomen von europäischer Bedeutung" darstellen.

Es ist nicht zu leugnen, dass es zeitweise eine „esoterische" Phase im Illuminatenorden gab, aber es wurde dann alles getan, um diese Seite wieder auszumerzen.

Ob die Illuminaten um Weishaupt deshalb als „esoterisch" bezeichnet werden können, bleibt fraglich, denn Weishaupt war Rationalist. Er wies esoterische, pseudoreligiöse oder gefühlsmäßigen Elemente zurück. Darunter litt vor allem Knigge. Freiherr von Knigge wollte seinerseits esoterisches Gedankengut mit dem des Illuminatenordens in Einklang bringen. Er scheiterte und wurde ausgeschlossen.

Johannes Rogalla von Bieberstein sieht das Ziel der Illuminaten in der Abkehr von der esoterischen Freimaurerei: „Was Weishaupt suchte, war nicht die weltabgewandte freimaurerische Esoterik, sondern eine politische Geheimgesellschaft, die als Instrument zur Realisierung seiner moralisch-politischen Ziele zu verwenden war."

Der Historiker Richard van Dülmen entkräftet den Vorwurf der Revolution und Subversion, der dem Illuminatenorden gemacht wird, wie folgt: „Als ein Versuch, durch Unterwanderung der öffentlichen Ämter einen vernunft- und moralgeleiteten, autoritär weltbürgerlichen Republikanismus zu errichten, also die Aufklärung im Politischen zu verwirklichen, wurde der Illuminatenbund schließlich nicht nur vom Absolutismus verboten und in seinen Mitgliedern verfolgt, sondern von Reaktionären und Konservativen als ein Instrument des Jakobinismus verdächtigt, um Staat und Kirche zu zerstören und auf revolutionärem Weg eine demokratische Weltordnung zu errichten."

Wir finden also folgende Situation vor: Auf der einen Seite waren die Illuminaten der politischen Obrigkeit verdächtig wegen ihres Eintretens für eine Neuordnung der Gesellschaft, andererseits wurden sie von den kirchlichen und monarchistischen Kräften beschuldigt, Träger des revolutionären Gedankens von 1789 und somit an der Zerstörung des Staates, des Ordnungsglaubens und der Kirche interessiert zu sein.

Die Geschichte der Illuminaten des 18. Jahrhunderts endet im Prinzip mit dem Verbot des Ordens. Das erste Verbot wurde bereits 1784/85 ausgesprochen. Das eigentliche Ende der Illuminaten in Bayern ist jedoch auf den 15. November 1790 mit dem Erlass von Karl Theodor von Pfalzbayern gegen Illuminaten und andere Geheimgesellschaften zu datieren. Das Dekret enthält schärfste Strafandrohungen für Schuldige und sichert Belohnungen für diejenigen zu, die solche Machenschaften anzeigen. Obwohl verschiedene Illuminatengruppen noch einige Jahre außerhalb Bayerns agierten, blieben sie nunmehr ohne nennenswerten Einfluss.

Die Illuminaten machten sich häufig die Freimaurerlogen zunutze. Viele Freimaurer wurden von den Illuminaten angeworben, sodass zeitweise die Rede davon war, gewisse Freimaurerlogen seien fest in der Hand der Illuminaten. Festzuhalten bleibt, dass es eine enge Verbindung zwischen beiden Gruppierungen gab, wobei die

Freimaurerei, um einen Begriff aus der Biologie zu verwenden, als Wirt für die Illuminaten fungierte.

Der Illuminatenorden ist in der Tat als radikal-aufklärerische Vereinigung zu charakterisieren, die Moral und Politik miteinander verband und auch in Opposition zur Freimaurerei und den esoterischen Bestrebungen ihrer Zeit (Alchemie, Magie, Rosenkreuzertum) gegründet wurde. Illuminaten sahen sich als auserwählt und elitär. Die Mitglieder wurden indoktriniert und ausspioniert – im Interesse der Sache, so die Argumentation. Dahingehend sollten sie umerzogen werden, was bedeutet, dass sie wenig bis nichts zu sagen hatten und den Ordensoberen (bedingungslosen) Gehorsam zu leisten hatten. Kritisch muss man von einem totalitär-erzieherischen System im Sinne der Hinführung zu aufgeklärtem Denken sprechen. „Weil die Illuminaten sich als auserwählte, mit einem moralischen Führungsanspruch ausgestattete Minderheit begriffen, glaubten sie diesen mit elitär-autoritären und konspirativen Methoden zur Geltung bringen zu können. Auf diese Methoden muß die panische Angst vor den Illuminaten und damit auch die Verschwörungsthese zumindest teilweise zurückgeführt werden“ (Bieberstein).

Alles in allem ist es nicht verwunderlich, dass der Illuminatenorden, der die Abschaffung von Fürsten und Staaten vorsah und stattdessen ein moralisches, auf Aufklärung basierendes Sittenregiment anstrebte, bald in Konflikt mit der Obrigkeit geriet. Das Verbot des Illuminatenordens war nur folgerichtig. Einige Ideen der Illuminaten überlebten, und was noch wichtiger ist, der Name existierte weiter und wurde zum Inbegriff einer Verschwörung. Aber genau das bleibt ein Rätsel ...

Obwohl mit *Illuminat*, *Illuminatus* und *Illuminati* dasselbe gemeint ist – *Illuminati* ist der Plural von *Illuminatus*, der lateinischen Form des eingedeutschten *Illuminat* – hat sich der heutige Gebrauch des Wortes von seiner wahren Bedeutung „Erleuchteter“ weit entfernt.

Ein Illuminat im Sinne einer erleuchteten Person zu sein, drückt eine besondere geistige Prägung aus. Von einem Erleuchteten wird angenommen, dass er um das Heil der Seele besorgt ist und sich nicht an einer Weltverschwörung beteiligt.

Die ursprünglich so bezeichneten Illuminaten waren Mitglieder des Illuminatenordens um Adam Weishaupt aus dem 18. Jahrhundert. Ihrem Selbstverständnis nach waren sie aufklärerische Denker, die sich dem Licht der Vernunft verschrieben hatten. Ihr Anliegen war es, gegen Aberglauben und Vorurteile anzugehen und letztlich für die Freiheit des Menschen einzutreten. Nichts zu spüren war hingegen von einer Erleuchtung im spirituellen Sinne oder einer düsteren Weltverschwörung. Letzteres strebten die Illuminaten um Weishaupt keineswegs an. Dafür fehlte ihnen nicht nur der Begriff, es lag nicht einmal im Rahmen ihrer Vorstellungen. Andererseits ist nichts dagegen einzuwenden, die Illuminaten als potenzielle Verschwörer zu bezeichnen.

Man kann nicht leugnen, dass die Illuminaten eine geheime Mission hatten, die sie vor ihren eigenen Mitgliedern verborgen hielten. Aber diese geheime Mission war ebenso naiv wie überraschend: Es ging darum, das Licht der Vernunft zu verbreiten, letztlich sogar darum, jeden zum eigenständigen Denken zu erziehen. Dass sie dabei an ihren eigenen Schattenseiten scheiterten, sollte nicht vergessen werden.

Zu den Merkwürdigkeiten der Geschichte gehört es nun, dass aus dem Illuminatenorden sein Gegenteil wurde, denn die dritte Bedeutung des Begriffes *Illuminat* oder *Illuminati* bezieht sich auf die Art von Weltverschwörungstypus, die aus keiner Verschwörungstheorie mehr wegzudenken ist.

Wenn man also heute vom einem Illuminaten oder von den Illuminaten spricht, so muss man immer auch sagen, welche Illuminaten man eigentlich meint!

Die Illuminaten erobern Amerika

Spätestens seit dem 18. Jahrhundert kursiert die Vorstellung von „Unbekannten Oberen", die die Geschicke der Geheimgesellschaften und der Welt lenken. Diese mussten notwendigerweise geheim, d. h. verborgen bleiben, was nicht nur politische, sondern auch organisatorische Gründe hat. Denn wer will schon einem Geheimbund angehören, in dem sich der Nachbar als Oberer entpuppt und behauptet, er sei in Wirklichkeit ein Medium uralter Weisheit? Viel spannender und interessanter ist hingegen ein Fremder, der direkt von den Weltweisen abstammt und als *unbekannter Oberer* auftritt.

Während zu Beginn der Illuminaten-Ära noch eine gewisse zweckbestimmte Naivität vorherrschte, so wurde diese gegen Ende des 18. Jahrhunderts sehr schnell zu ernster Realität. Der französische Abbé Augustin Barruel (1741–1820) verfasste 1797/98 ein Werk, in dem er zu beweisen suchte, dass die Französische Revolution das Werk einer Verschwörung war. Seine Verschwörungstheorie nimmt ihren Anfang bei den Templern des Mittelalters, die nach dem gewaltsamen Tod ihres Großmeisters Jacques de Molay zur geheimen Gesellschaft mutiert seien. Zusammen mit verschiedenen Organisationen – u. a. den Rosenkreuzern des 17. Jahrhunderts oder den Freimaurern des 18. Jahrhunderts – hätten sie dann über die Jahrhunderte hinweg gezielt daran gearbeitet, Monarchie und Papsttum zu zerstören.

Über Freimaurerzirkel in Frankreich wäre es demnach zu einer Allianz mit den Aufklärern – darunter Voltaire, Turgot, Condorcet, Diderot und D'Alembert – gekommen. Aus dieser Verbindung seien dann die Jakobiner hervorgegangen, die Anstifter der Französischen Revolution. Aber auch sie wären von einer noch geheimeren Macht, ebene jene Illuminaten aus Bayern, kontrolliert. Napoleon selbst wäre an diesen unbekannten Weltlenkern interessiert gewesen und habe den Kontakt zu ihnen gesucht.

Die Französische Revolution erschütterte die bestehende Ordnung im Europa des 18. Jahrhunderts. Die Angst war groß, dass in Deutschland, Österreich oder Preußen etwas Ähnliches passieren könnte. Der Adel fürchtete um sein Leben und seine Machtbefugnisse und man suchte nach den wahren Verursachern dieser Revolution. Wie Barruel fand man sie in den Illuminaten. In der zeitgenössischen Literatur hörte sich das so an: „Aber wozu soll ich noch ferner Beweise auf Beweise häufen, daß alle Staatsveränderungssüchtige die welterschütternden Pläne in dunklen Höhlen geheimer Gesellschaften zuerst ausgebrütet und in ein förmliches Lehrgebäude gebracht haben?" So schrieb John Robison 1797 in seinem Buch *Beweise für eine Verschwörung gegen alle Religionen und Regierungen von Europa, durchgeführt in den geheimen Treffen der Freimaurer, Illuminaten und Lesegesellschaften*.

John Robison (1739–1805) war ein schottischer Professor für Mathematik und Sekretär der Royal Academy in Edinburgh. Sein Werk wurde ins Deutsche, Französische und Niederländische übertragen. Darin vertrat er die These, dass der Illuminatenorden sein „Gift über ganz Europa" verbreitet habe und trotz seines Verbots weiterbestehen würde. Das „Gift" sei der Geist der Revolution. Basierend auf der Annahme einer bestehenden Ordnung musste jeder, der diese Ordnung infrage stellte, verdächtig erscheinen, und jeder, der die bestehende Ordnung verändern wollte, war zwangsläufig ein Revolutionär. Da alle Aufklärer die bestehende Ordnung als veraltet und überholt brandmarkten, sich aber nicht offen dagegen stellen konnten, mussten sie zwangsläufig als Geheimgesellschaft auftreten. Das wiederum machte sie verdächtig.

Für Robison blieb offensichtlich, dass Geheimgesellschaften die Ordnung nicht nur gefährdeten, sondern auch zerstören wollten. Wenn er die „dummen Baiern" als „die Lehrmeister in der Kunst, die Welt zu zerstören" ansieht, und die Franzosen die ersten nennt,

„die diese höllische Lehren in Ausübung brachten", dann argumentiert er aus einer verschwörerischen Haltung heraus. Er und andere finden im Illuminatenorden eine Erklärung für das Unerklärliche, die revolutionäre Umwälzung der bestehenden Ordnung. Diese Art von Verschwörungstheorie wirkte im 19. Jahrhundert weiter, mit der historischen Realität hat das aber wenig bis gar nichts mehr zu tun.

Die Worte des ehemaligen Illuminaten und Landgrafen Karl von Hessen aus dem Jahre 1833 machen die allgemeine Konfusion deutlich: „Aus dem Illuminatismus entstand der Jacobinismus und aus diesem der Carbonarismus in Italien ... und der Radicalismus in England." Wenn auch historisch unhaltbar, bleibt es dennoch ein einflussreiches Diktum in Sachen Verschwörungsthese.

Ende des 18. Jahrhunderts wurde das Illuminatentum von England aus in die USA exportiert. In den Vereinigten Staaten übten die Bücher von John Robison und später Augustin de Barruel dann großen Einfluss aus.

Am 8. Mai 1798 warnte Reverend Jedidiah Morse in seinen Predigten vor einer drohenden Verschwörung. Morse (1761–1826), der Vater von Samuel F. B. Morse, dem Erfinder des „Morse-Alphabets", war Pastor in Charlestown, Massachusetts. Er kam durch die Lektüre von Robisons Buch zu diesem Schluss. Fortan sah er die USA durch die Illuminaten bedroht. Morse verkündete, er habe eine Mitgliederliste aller Illuminaten, die die USA bedrohten. Tatsächlich hatte er aber „nur" eine Liste mit etwa 100 Freimaurern aus Virginia in Händen. Sie allesamt waren unverdächtig, eine Weltverschwörung anzetteln zu wollen.

Die Schrecken der Französischen Revolution – Guillotine, Entweihung der Kirchen, Abschaffung der Religion und des Adels – waren bis in die USA vorgedrungen. Morse schürte die Befürchtung, dass dort etwas Ähnliches geschehen könnte. Der damalige Präsident John Adams (1797–1801) fürchtete eine französische Bedrohung – schließlich marschierte das napoleonische Heer durch halb Europa – und sein Kongress verabschiedete ein Gesetz zur

Einschränkung der bürgerlichen Freiheiten in Hinblick auf eine drohende Invasion („Alien and Sedition Acts").

George Washington, Präsident der Vereinigten Staaten von 1789 bis 1797, griff in die Debatte ein, indem er Zweifel daran äußerte, dass Illuminaten und Jakobiner sich in den USA ausbreiten wollten. Er glaubte nicht daran, dass Freimaurerlogen die „diabolischen Grundsätze" der Illuminaten oder die „schändlichen Prinzipien" der Jakobiner vertraten. Außerdem sah er keine grundsätzliche Gefahr für die Demokratie in Amerika.

Auch der amerikanische Präsident Thomas Jefferson (1801–1809) stand der Illuminatentheorie kritisch gegenüber. Gegen Robison, Barruel und Morse wandte er ein, dass Weishaupt, weil er in einem absolutistischen Umfeld gelebt habe, vorsichtig sein musste. Da er über moralische Themen schreiben und sein Wissen verbreiten wollte, hatte er gar keine andere Wahl als im Geheimen zu arbeiten. Er musste sich schützen, was ihn und seine Ideen mit einem Schleier von Geheimnis umgab.

Dennoch verselbständigte sich die Illuminaten-Idee mehr und mehr. Das Muster der Illuminaten-Bewegung wurde auf bereits in den USA wirkende Gruppierungen übertragen und bald ging es nicht mehr darum „Illuminaten" zu entlarven, sondern darum, das aus Europa in die USA übertragene Muster zu nutzen, um mögliche Gegner unschädlich zu machen. Illuminaten wurden hinter allem und jedem vermutet. „Illuminat" diente als Schimpfwort, um den anderen zu verunglimpfen. Man warf dem Gegner vor, in Verschwörungsabsicht täuschen oder manipulieren zu wollen und brandmarkte ihn als Illuminaten. Niemand konnte sicher sein, dass er nicht insgeheim bereits als Illuminat galt.

Der Begriff *Illuminat* wurde zum Selbstläufer und bekam eine andere Bedeutung als ursprünglich beabsichtigt. Möglicherweise liegen in dieser Übergangszeit der Übertragung des europäischen Illuminatentums auf amerikanische Verhältnisse die Wurzeln für die Illuminaten-Wirrnisse der darauffolgenden Jahrhunderte.

Der Export der europäischen Illuminatenidee in die USA gewann eine Eigendynamik, die die Absichten des ursprünglichen Illuminatenordens ins Gegenteil verkehrte. Wenn heute die Bezeichnung *Illuminat*, *Illuminaten* oder *Illuminati* fällt, dann geht es nach landläufiger Meinung um Weltherrschaft und Weltverschwörung; es geht um Manipulation, Bedrohung, Ausbeutung sowie die Verfolgung egoistischer Interessen.

Fassen wir zusammen: Weishaupts lokal begrenzter Illuminatenorden, der in Deutschland kaum Einfluss bekam, soll im benachbarten Frankreich die Französische Revolution ausgelöst haben, auch mit dem Ziel, seine Ideen nach Deutschland zu reimportieren?

Dann griff die Illuminatenidee auf die USA über und bildet darüber hinaus bis heute die Grundlage einer allgemeinen Weltverschwörungsidee bis hin zum Plan einer Neuen Weltordnung. Als ein Beweis wird die Ein-Dollar-Note aufgeführt, in die die Gründungsväter der USA geheime Zeichen eingearbeitet hätten, um ihren Plan für die Neue Weltordnung zu kennzeichnen. Es ist die Rede davon, dass die Illuminaten in der Dollarnote das allsehende Auge, die Zahl 13 und die Pyramide verewigt hätten. Dass bei den Illuminaten Weishaupts das Symbol der Pyramide nirgendwo zu finden ist, spielt dabei gar keine Rolle. Auch kommt die Zahl 13 – übrigens die Anzahl der amerikanischen Staaten, die sich 1776 zur USA zusammenschlossen – bei den ursprünglichen Illuminaten ebenfalls nicht vor. Überhaupt war der Illuminatenorden Weishaupts selbst extrem sparsam mit Symbolen.

Bis heute haben wir es mit einem undifferenzierten und unreflektierten Cocktail aus Illuminaten, Jakobinern, jüdischer Verschwörung und Kommunismus zu tun, der verschwörungspolitisch gerade deshalb attraktiv bleiben dürfte.

Weltrevolution und Weltherrschaft: Die Protokolle der Weisen von Zion

Fester Bestandteil vieler Verschwörungsmythen ist das Judentum und sein geheimer Plan, die Weltherrschaft zu übernehmen. Der Plan stamme von einer jüdischen Geheimgruppierung, den sogenannten *Weisen von Zion.* Sie seien darauf aus, die bestehende Gesellschaftsordnung zu zerstören und Konflikte, politischen Streit, Misstrauen und Zwietracht zu säen. Außerdem versuchten sie, die herrschende Moral und Religion zu verunglimpfen. Auf diese Weise nähmen sie den Menschen die Möglichkeit, in Moral und Religion Hilfe und Trost zu finden. Ihr Ziel sei die Errichtung einer jüdischen Weltherrschaft, die mit der Kontrolle über das gesamte Leben einhergehe. In ihrem Auftrag seien auch die Freimaurer wirksam.

Auch hinter dem Bau der Untergrund-Bahnstationen in den Großstädten des 19. und 20. Jahrhunderts stünde der „geheime" Zweck, sich im Tunnelsystem verstecken zu können, um von dort aus die Städte bequem in die Luft zu sprengen: „Bald werden alle Hauptstädte der Welt von Stollen der Untergrundbahnen durchzogen sein. Von diesen Stollen aus werden wir im Falle der Gefahr für uns die ganzen Städte mit Staatsleitungen, Ämtern, Urkundensammlungen und den Nichtjuden mit ihrem Hab und Gut in die Luft sprengen."

Diese und andere abstruse Ideen und Vorstellungen einer Weltverschwörung werden auch heute noch lebendig gehalten. Seit Ende des 19. Jahrhunderts soll es sogar eine Schrift geben, auf die man sich berufen könne, weil sie alle Beweise liefere: Es handelt sich dabei um *Die Protokolle der Weisen von Zion.* Daraus stammt auch die eben zitierte Passage.

Die *Protokolle der Weisen von Zion* sind eine Abhandlung, die in den 1920er-Jahren veröffentlicht wurde, aber schon Jahre zuvor (1903) in Manuskriptform zirkulierte. Sie soll zuerst in Russland erschienen sein, erweckte aber den Eindruck, als stamme sie aus Frankreich, genauer gesagt aus Paris. Um zu verstehen, was es mit den *Protokollen* auf sich hat, muss man zeitlich einige Jahre zurückgehen.

Im Jahr 1806 wurde dem bereits erwähnten Abbé Barruel ein Brief mit antisemitischen Anspielungen zugestellt, in dem behauptet wurde, dass überall jüdischer Einfluss herrsche. Selbst für die Vergangenheit treffe das zu, denn der Begründer des Manichäismus, Mani, wäre ebenfalls Jude gewesen, genauso wie jener legendäre Alte vom Berg (Großmeister des Geheimordens der Assassinen) und jüdisch sei auch die gesamte Freimaurerei.

Einige Jahre später hätten die Jesuiten über den italienischen Freiheitskämpfer Giuseppe Garibaldi (1807–1882), der seit 1861 den Freimaurern angehörte, eine Verbindung mit dem Geheimbund der Carbonari hergestellt. Alles in allem waren sie jedoch nichts anderes als Instrumente einer jüdisch-freimaurerischen Verschwörung.

Im Jahr 1864 schrieb der Franzose Maurice Joly eine Satire gegen Napoleon III. und bezog sich dabei auf diese Verschwörungstheorie. Sein Werk wird später als Vorbild für eine antisemitische Verschwörung dienen. Der Franzose Henri Roger Gougenot des Mousseaux (1805–1876) behauptete in einem seiner Werke, die Freimaurerei sei ein von den Juden geschaffener „künstlicher Judaismus“, der mit der Absicht gegründet wurde, das Christentum zu zerstören oder für das Judentum zu vereinnahmen. Norman Cohn, ein Spezialist für die *Protokolle der Weisen von Zion*, stellt fest, dass Mousseaux damit die „Bibel des modernen Antisemitismus“ geschrieben habe.

Zumindest bekommt die abstrakte Verschwörung nun ein Gesicht: Logen und Synagogen, Freimaurer und Juden. Der Antisemitismus in Frankreich erreichte Ende des 19. Jahrhunderts einen traurigen Höhepunkt in der Dreyfus-Affäre. Dabei ging es darum, dass dem jüdischen Offizier Alfred Dreyfus 1894 Landesverrat durch die Weitergabe geheimer militärischer Pläne an die Preußen in die Schuhe geschoben wurde. Er wurde im Zuge eines Justizirrtums mit Rechtsbeugung verurteilt und auf die Teufelsinsel verbannt. Erst im Jahr 1906 wurde er freigesprochen und rehabilitiert. Der Freimaurer-Historiker Helmut Reinalter sieht in den auf die Juden bezogenen Verschwörungstendenzen „Züge einer Zwangsneurose“.

Wenden wir uns den *Protokollen* zu, denn sie gelten als eines der ersten schriftlichen Dokumente, die eine echte Verschwörung abbilden sollen und zudem direkt von den Verschwörern selbst verfasst wurden. Es soll sich dabei um die Rede eines jüdischen Führers handeln, die er vor der Versammlung der „Weisen von Zion“ gehalten habe.

Mit 40 Seiten ist die Schrift nicht besonders umfangreich. Sie ist in 24 Abschnitte unterteilt und in Protokollform gehalten, so dass der Leser das Gefühl hat, ein authentisches Dokument in Händen zu halten, zumal auch Widersprüche und Ungereimtheiten erfahrbar sind. Das Hauptziel ist es, die Weltherrschaft der Juden durch die Veröffentlichung ihrer eigenen Protokolle zu entlarven.

Der oder die Autoren wollen den Leser davon überzeugen, dass alles nur den Zweck habe, die Herrschaft an sich zu reißen. Freiheit, Demokratie und Liberalismus seien überdies die Werkzeuge, um Verwirrung und Unfrieden zu stiften. Gerade diese seien der ideale Nährboden für die Realisierung der Verschwörungspläne. Man geht sogar soweit zu behaupten, dass auch der Antisemitismus einen Sinn habe, nämlich den, das jüdische Volk zusammenzuhalten.

Natürlich darf auch der Aspekt des Geldes und der Finanzwelt nicht fehlen. Durch die bewusste Schaffung von Staatsschulden würden die Juden Staaten in Abhängigkeit bringen, weil sie alles Geld der Welt besäßen. Der Goldstandard würde zu diesem Prozess beitragen. Die jüdische Weltverschwörung bediene sich auch der Freimaurerlogen, die ein dichtes weltweites Netz geknüpft hätten. Die Freimaurer stünden in Wirklichkeit unter der Obhut dieser jüdischen Weisen.

Die Gewährung liberaler Rechte, demokratischer Freiheiten und Privilegien würde schlussendlich zu einem Zusammenbruch der Ordnung und zu Anarchie führen. Es wäre dann ein Leichtes für die Juden, die Weltherrschaft an sich zu reißen und alle bisherigen Errungenschaften wieder rückgängig zu machen: Statt Freiheit würde dann Diktatur herrschen, statt Rechtsstaatlichkeit das Gesetz der Weisen von Zion usw. Die Schrift bedient eine Reihe von bekannten Klischees, die bis heute nachwirken.

Die *Protokolle der Weisen von Zion* sind eine Fälschung. Sie verfälschen Tatsachen und schaffen eine Fiktion ohne Bezug zur Realität. Als Autor oder Auftraggeber der *Protokolle* wird immer wieder Pjotr Iwanowitsch Ratschkowski (1853–1910) genannt, der von 1885 bis 1902 Leiter des russischen Geheimdienstes in Paris war. Für Umberto Eco ist der Text von Ratschkowski die erste Quelle der *Protokolle*. Rogalla von Bieberstein hält zwei südrussische Adelige für die Autoren, die den Text 1903 verfasst und ihm dann einen französischen Anstrich gegeben haben sollen. Sie wollten die autokratische Zarenherrschaft vor den Revolutionären, unter denen sich viele Juden befanden, schützen. Der englische Okkultismusexperte James Webb hingegen sieht die russische Okkultistin Juliana Glinka, die mit Ratschkowski in Paris in Kontakt stand, als Verfasserin.

Für die *Protokolle* selbst gibt es literarische Vorbilder, wie den Autor Elias von Cyon (1843–1912), einen russischen Schriftsteller, der seit 1875 in Frankreich lebte. Er hatte die französische Satire *Gespräche in der Unterwelt zwischen Machiavelli und Montesquieu* von Maurice Joly, die 1864 anonym in Brüssel erschienen war, umgeschrieben. Damit polemisierte er gegen den Finanzminister Witte und seinen liberalen Modernisierungskurs. Auch der Roman *Joseph Balsamo* (d. i. Cagliostro) von Alexandre Dumas aus dem Jahre 1846 kann als Ideenlieferant gelten, genauso eine Geschichte des Schriftstellers Hermann Goedsche (1815–1878), der unter dem Pseudonym Sir John Retcliffe publizierte. In seinem Roman *Biarritz* (1868) findet sich ein Kapitel mit dem Titel: „Auf dem Judenkirchhof in Prag". Es beschreibt ein Zusammentreffen von Vertretern der 12 Stämme Israels auf dem jüdischen Friedhof in Prag – 1860 soll es stattgefunden haben. Sie informierten sich gegenseitig über den aktuellen Stand ihrer Pläne zur Weltherrschaft. Die Rede des Rabbiners Levit bei Goedsche stellt dann den Kern der *Protokolle* dar. Übrigens hat auch Umberto Eco seinen Roman *Der Friedhof in Prag* (2011) den *Protokollen* gewidmet.

In einem russischen Pamphlet namens *Die Juden, Herrscher der Welt* aus dem Jahre 1873 wird der Anschein erweckt, die erwähnte romanhafte Episode habe tatsächlich stattgefunden. 1881 wurde die Episode von der katholischen Zeitung *Le Contemporain* in Frankreich abgedruckt. Der Publizist Richard Kunze gab dann im Jahr 1919 den Roman *Biarritz* unter dem Titel *Das Geheimnis der jüdischen Weltverschwörung* als Tatsachenbericht heraus und das, obwohl schon damals hätte klar sein können, dass Goedsche auf Alexandre Dumas zurückgegriffen hatte.

In den folgenden Jahren erlebten die *Protokolle* mehrere Auflagen in Russland und Übersetzungen in alle europäischen Sprachen. Sie wurden dann mit Theodor Herzl, dem Gründungsvater der zionistischen Bewegung, in Verbindung gebracht. So wurde behauptet, er habe die protokollierte Rede auf dem Ersten Zionistischen Weltkongress im August 1897 in Basel gehalten. Gleichwohl sich alles als Fälschung herausstellte, wurde diese Geschichte in den 1920er-Jahren auch in deutschen Ausgaben kolportiert. Auch Adolf Hitler las die *Protokolle*, für ihn stellten sie eine Quelle der Inspiration dar. Ab 1929 wurden sie vom Parteiverlag der NSDAP gedruckt.

Im Jahr 1921 widmete sich die Londoner *Times* den *Protokollen* und gibt Maurice Joly als Quelle an. Es kamen immer mehr Zweifel an der Echtheit der *Protokolle* auf, was viele nicht hinderte und weiterhin nicht hindert, sie als authentisches Dokument einer jüdischen Weltherrschaft anzusehen.

Die bis heute einflussreiche britische Verschwörungstheoretikerin Nesta Webster (1876–1960), die auch mit dem Faschismus sympathisierte, mixte einen eigentümlichen Cocktail aus Illuminaten, Jakobinern, jüdischer Verschwörung und Kommunismus, der einflussreich bleiben sollte. Sogar der Klu-Klux-Klan berief sich auf sie und ging davon aus, dass die weltweite Verschwörung von den Illuminaten ausging und Weishaupt den Vater des Bolschewismus darstelle.

Webster nahm sich auch der *Protokolle* an. Gleichwohl sie die Fakten kannte, konstruierte sie einen zirkulären und für die Verschwörungstheorie vorbildlichen Syllogismus, indem sie argumentierte, dass es nicht darauf ankomme, ob die *Protokolle* echt seien oder nicht. Da sie aber eine verblüffende Ähnlichkeit mit den Plänen anderer Geheimgesellschaften aufwiesen, stammten sie entweder von einer solchen oder bedienten sich deren Gedanken. Beides spreche für den prophetischen Charakter der *Protokolle*. Die *Protokolle* bestätigten also, was Webster festgestellt habe und deshalb seien sie echt. Einem solchen Argumentationsgang kann wenig hinzufügt werden.

Aus verschwörungstheoretischer Sicht ergibt alles durchaus Sinn und darin liegt wohl auch der Grund für die Langlebigkeit und die Faszination dieser Verschwörungstheorie. Da nützt es wenig, dass die Protokolle bereits in den 1930er-Jahren in einem Prozess vor dem Obergericht des Kantons Bern (November 1933 bis Oktober 1934, April bis Mai 1935) als Fälschung deklariert wurden.

Angesichts der ungebrochenen Brisanz der *Protokolle* kann man über folgende Zeilen geteilter Meinung sein, sie regen aber dennoch zum Nachdenken an und verdeutlichen eindrücklich, wie absurd die Situation bei näherer Betrachtung ist: „Kurz nach der Machtergreifung 1933 kommt Herr Grünstein mit dem *Völkischen Beobachter* nach Hause. Seine Frau ist wütend und hält ihn für verrückt. Grünstein verteidigt sich: Schau, in unserem jüdischen Gemeindeblatt stehen wieder nur schlechte Nachrichten: Goebbels hat eine antisemitische Rede gehalten … unsere Geschäfte werden boykottiert … von den Universitäten werden wir ausgeschlossen … Alles ganz furchtbar! Und was lese ich im *Völkischen Beobachter*? *Wir* besitzen die Wall-Street, *wir* stehen hinter dem Sowjetregime, *wir* kontrollieren die Weltpresse, und der Vatikan wird bald auch *uns* gehören. Sind das nicht phantastische Neuigkeiten?“

Politische Geheimbünde und Verschwörungen: NS-Ideologie und Thule-Gesellschaft

Ken Anderson, der Autor des Buches *Hitler and the Occult* behauptet, es gäbe mehr Beweise für Winston Churchill, in die Nähe einer okkulten Gesellschaft gekommen zu sein, als für Adolf Hitler. Das tönt deshalb sonderbar, weil es unter Verschwörungsanhängern als ausgemacht gilt, dass die NS-Ideologen okkult geprägt und von einer unsichtbaren Hand gesteuert gewesen sein müssen. Hitler, der Führer, gilt als Schamane und als jemand, der unter magischem Einfluss stand. Er wird als Instrument angesehen, als Medium des Bösen, als Eingeweihter in eine umfassende, die Weltherrschaft anstrebende Vereinigung, in deren Auftrag er tätig war.

Beispielsweise sei Hitler vom Publizisten und Chefredakteur des *Völkischen Beobachters*, Dietrich Eckart, dem er sein Buch *Mein Kampf* widmete, im Auftrag der Thule-Gesellschaft magisch initiiert worden. Der Professor für Geopolitik Karl Haushofer, dessen „Lebensraum"-Theorie Hitler übernahm, habe Hitler dann anlässlich seines Aufenthalts auf der Festung Landsberg rituell eingeweiht. Hitler sei dabei im Gebrauch des Astralkörpers unterwiesen worden und habe die Mittel zur Schau des Makrokosmos erhalten, um die Enthüllung der Geheimlehre zu erleben. Damit im Gepäck sei er genügend präpariert gewesen, um den Geheimplan der unbekannten Oberen zu verwirklichen. Von Dietrich Eckart sollen die Sätze stammen: „Folgt Hitler! Er wird tanzen, aber die Musik zu seinem Tanz habe ich komponiert. Wir haben ihm die Mittel gegeben, mit IHNEN in Verbindung zu treten ..."

Hitler handelte also im Auftrag von anderen. Verschwörungstheoretisch kann so die NS-Zeit insgesamt als eine Zeit charakterisiert werden, die für etwas anderes steht: Hinter dem Hitler-Regime stand im Grunde eine Macht des Bösen, eine geheime Macht der unbekannten Weltherrscher. Sie instrumentalisieren die Führenden der Politik und machen sie zu Marionetten in einem undurchschaubaren Kampf zwischen Gut und Böse, der schon seit Jahrhunderten tobt.

Alles, was sich offen zeigt, ist sozusagen nur stellvertretend für etwas anderes. Fakten helfen da wenig. Dass Karl Haushofer lediglich 22 Stunden in Landsberg zubrachte – eher wenig Zeit für eine so gewichtige Einweihung –, dass Eckart bereits 1923 verstorben war und dass die okkulten Praktiken der Thule-Gesellschaft mehr als fragwürdig sind, all das bedeutet angesichts der Unfassbarkeit der Taten wenig. Auch die Fakten, dass Hitler kein Interesse an okkult-esoterischen Spekulationen hatte und die okkulten Hobbys von Himmler und Rosenberg verachtete, sind nicht einmal allen Forschern Grund genug, eine manipulierte Wirklichkeitsauffassung infrage zu stellen.

Immer noch gibt es die Neigung, derartigen Ideen Glauben zu schenken, auch wenn Forscher wie Nicholas Goodrick-Clarke offenlegen, dass es nicht den geringsten Beweis für solche Rituale gibt. Für verschwörungsaffines Denken hat ein solches Forschungsergebnis deshalb in erster Linie die Konsequenz, dass man ihm widersprechen kann: Gerade die Tatsache, dass es keine Beweise gibt, sei der Beweis, denn jeder wahre Initiator habe ja seine Spuren sorgfältig verwischt ...

Und zweifelsfrei stünde fest: die NS-Zeit war voll okkulter Aspekte, esoterischer Bezüge und folkloristischer Elemente; voll mit Astrologie, der Suche nach dem Gral, der Anwendung beeindruckender Rituale und Zeremonien, der Sehnsucht nach dem geheimnisvollen Tibet ...; und es gab eine Geheimgesellschaft, die die Geschicke der NSDAP steuerte und vorbereitete: die Thule-Gesellschaft.

Sowohl die Thule-Gesellschaft als auch den mit ihr verbundenen Deutschen Orden gab es wirklich. Wie Nicholas Goodrick-Clarke schreibt, lässt sich die frühe NSDAP auf die Thule-Gesellschaft zurückführen. Grund genug um zu munkeln, dass Hitler Mitglied der Thule-Gesellschaft war. Doch für den Erforscher der okkulten NS-Zeit Goodrick-Clarke gibt es keinerlei Beweis für eine Zugehörigkeit Hitlers zur Thule-Gesellschaft. Das mag Verschwörungsanhängern wenig beweiskräftig zu sein, auch nicht, dass die Thule-Gesellschaft schon 1925 aufgelöst wurde und ihre Rolle als wenig bedeutsam für die konspirative Seite der NS-Ideologie eingestuft werden muss.

Darüber hinaus gibt es auch Spekulationen darüber, dass Magier Hitler beeinflussten. Der Name Aleister Crowley – einflussreichster Magier des 20. Jahrhunderts – taucht in diesem Zusammenhang auf. Historisch gesehen gab es weder eine Begegnung zwischen Crowley und Hitler, noch einen speziell für Hitler erfundenen Abwehrzauber.

Geheimgesellschaften, magische Orden, esoterische Verbindungen sowie die meisten religiösen Gemeinschaften waren im Dritten Reich ohnehin verboten. Die Neigungen von Rudolf Heß, Heinrich Himmler oder Alfred Rosenberg zu Okkultem wurden zwar toleriert, aber auch als Spinnerei abgetan. Eine einfache und wirksame Schlussfolgerung lautete: „Das Primat gehört der Politik!" Es ging primär oder hauptsächlich um die Gestaltung der Verhältnisse, um die Durchsetzung einer Rassenideologie und um die Verfolgung politischer Ziele.

Worauf gründet die Vorstellung einer okkulten Verschworung im Dritten Reich? Hauptsächlich auf gedruckten Quellen, auf Büchern aus den 1960er- und 1970er-Jahren. Goodrick-Clarke merkt an, dass alle Bücher, die zwischen 1960 und 1975 über den Okkultismus des Nationalsozialismus geschrieben wurden, lediglich der Effekthascherei dienten und schlecht recherchiert waren.

Faktisch völlig unergiebig, aber verschwörungstheoretisch äußerst bedeutsam, ist das berühmte Buch von Hermann Rauschning *Gespräche mit Hitler*. Zwar führte Rauschning tatsächlich Gespräche mit Hitler – belegt sind mindestens vier – jedoch deutlich weniger als im Buch erwähnt, und Rauschning zeigt den Führer als Medium der schwarzen Magie. Das Buch hat einen überaus zweifelhaften Ruf und es ist so gut wie sicher, dass es sich um eine propagandistische Fälschung handelt. Es war 1939 erschienen und hatte durchaus Einfluss auf das Bild des NS-Regimes in der Welt.

Warum muss die Nazi-Ideologie okkultistisch unterlegt werden? Genügt es nicht, die Tatsache auch *so* zu akzeptieren, dass es sich um eine politische, machtbesessene, menschenmanipulierende und zerstörerische Bewegung handelte?

So wenig man die Bedeutung von Mythos und Symbolik in der NS-Zeit wird leugnen können, so wenig wird man die Realitätsbezüge zu einem NS-Verschwörungsmythos finden. Viel eher muss man davon ausgehen, dass vor den Kulissen auch hinter den Kulissen war, d. h. dass das ganze mythologische Schauspiel einzig und allein dazu diente, politische Ziele durchzusetzen, Menschen zu instrumentalisieren und die Macht zu erhalten. Daran gibt es wenig Mysteriöses. Wenn der Satz, dass der Zweck die Mittel heilige, irgendeine Bedeutung hat, dann sicher hier.

Verschwörung ist kein geeigneter Begriff für eine nationalsozialistische Vernichtungsmaschinerie. Man unterstellt einer Verschwörung doch zumindest einen gewissen Sinn, der darin liegt, einer Gruppe auf Dauer Vorteile zu verschaffen. Aber welchen Sinn macht es, eine totale Vernichtung zu propagieren, die letztlich auch die Vernichter trifft?

Die Verschwörungstheorie zur NS-Ideologie, wie sie bisher wahrgenommen wurde, gehorcht dem klassischen Verschwörungsmuster: Es gibt ein Geheimnis, ein unsichtbares Zentrum, das als Erklärung für „alles“ dient: Hitler im Auftrag des Bösen, das NS-Regime als Medium im Kampf zwischen Gut und Böse; und es gibt Spekulationen und Theorien, die nie alles restlos überzeugend beweisen werden, es aber annähernd könnten, würde man sich mit ein wenig gutem Willen noch tiefer auf die Geschehnisse einlassen. Vielleicht wird eines Tages eine versunkene Kiste im Starnberger

See oder eine versteckte Höhle im Untersalzberg endlich Gewissheit bringen.

Selbst im Rückblick und einen Abstand von mittlerweile mehr als 75 Jahren ist diese Zeit kaum zu begreifen. Sie bietet also weiterhin den „Stoff" für neue verschwörungstheoretische Beweisführungen. Vielleicht haben Verschwörungsmythen in diesem Zusammenhang auch ihr Gutes: Sie halten das Interesse wach und dadurch, dass man sich mit ihnen wiederholt auseinandersetzen muss, erhält das Unerklärliche eine neue Erklärungsdimension.

Andererseits bleibt weiterhin die Tatsache gültig: Die Realität ist aufregend genug, sie muss nicht noch künstlich angereichert und aufgebauscht werden.

Die geheimen Templer

Überaus populär im Kreis der Verschwörungen ist die Geschichte der mittelalterlichen Templer. Sie gelten dort als legendäre Ritter, die den geheimen Gral gefunden und unermessliche Reichtümer angehäuft hätten. Aus diesem Grund ließ der französische König Philipp IV., der Schöne, den Orden auflösen, seine Schätze beschlagnahmen und den letzten Großmeister Jacques de Molay hinrichten.

Die Templer bestünden als Geheimorganisation jedoch weiter und bedienten sich der Rosenkreuzer, der Freimaurer, der Strikten Observanz und anderer Geheimgesellschaften, um ihre Aktivitäten fortzusetzen. Durch die Hinrichtung Ludwig XVI. wäre dann der Tod Molays gesühnt worden. Ein Unbekannter sei auf das Schafott gesprungen und habe ausgerufen: „Jacques de Molay, endlich bist du gerächt!“

Was aber waren die Ziele der historischen Templer? Schätze anhäufen? Verschwörungen anzetteln? Regierungen stürzen? Antiklerikales Geheimwissen erwerben?

Historisch waren die Templer in erster Linie ein Mönchsorden mit dem schlichten Ziel, Christus zu dienen in Armut, Keuschheit und Gehorsam. Das Besondere an diesem Anliegen war, die Ideale des monastischen Lebens mit denen des Rittertums zu verbinden. Der Dienst sollte vor allem mit der Waffe in der Hand gegen die Mauren verrichtet werden, da diese regelmäßig die zahlreichen ins Heilige Land kommenden Pilgerkarawanen angriffen.

Die Templer waren angehalten, die kirchlichen Regeln zu befolgen und sich einem Ehrenkodex zu unterwerfen. Kein Geringerer als Bernhard von Clairvaux war Mitverfasser der templerischen Ordensregeln, die auf das 6. Jahrhundert zurückgehen.

Zu ihren Pflichten gehörten der Schutz der Pilger auf dem Weg nach Jerusalem, wirtschaftliche Aktivitäten wie Geldgeschäfte oder

Kreditbriefe sowie die Verwaltung ihrer Güter. Nirgendwo ist zu lesen, dass es den Templern um eine Weltverschwörung, die Weltherrschaft oder zumindest um das alleinige Recht auf die Pilgerfahrt ins Heilige Land ging. Im Gegenteil: sie stellten sich bewusst in den Dienst der Kirche, respektive des Papstes.

Im Laufe der Jahrhunderte verlässt der Blick zurück jedoch mehr und mehr den Boden der historischen Tatsachen, so zumindest die Beobachtung des Mittelalterspezialisten und Mediävisten Peter Dinzelbacher. Aus dem Templertum wurde ein vielschichtiger Mythos und die monastischen, nicht-rituellen, nicht-esoterischen Templer mutierten zu einer Geheimorganisation mit weltverschwörerischen Zügen.

Im 18. Jahrhundert sah man die Templer dann unter anderem Namen wieder auftauchen, als sogenannte „Strikte Observanz", ein freimaurerisches Hochgradsystem, das ab 1751 europaweit eine beachtliche Anzahl von Freimaurerlogen eingliederte. Die Legende des Ordens beruhte darauf, in der esoterischen Tradition des Templerordens zu stehen. Diese Abstammungslegende wurde aber bald infrage gestellt und auf dem Wilhelmsbader Freimaurerkonvent am 16. Juli 1782 wurde die „Templerlegende" der Strikten Observanz dann auch in den Bereich der Legende verwiesen. Weder für eine direkte Nachfolge noch für die propagierte „esoterische" Tradition konnte irgend ein Beweis erbracht werden. Doch wirkt die Legende bis heute nach und bildet den Nährboden für weitere Verschwörungstheorien.

In ihrem Bestseller *Der heilige Gral und seine Erben* (1982) rollten die Autoren Lincoln, Baigent und Leigh die geheimnisvolle Templer-Legende auf und verwiesen darin auf einen noch geheimnisvolleren Orden, die „Prieuré de Sion".

Sion ist das griechische Wort für das hebräische Zion, das sich auf eine Turmburg der Jebusiter an der südöstlichen Stadtgrenze von Jerusalem bezieht. Seit dem Bau des ersten Jerusalemer Tempels unter Salomo wurde der Zion zum Synonym für den Wohnsitz

Gottes (Jahwes). Jerusalem selbst wird auch als „Tochter des Zion“ bezeichnet. Zion oder Sion trägt demnach eine mehrfache Bedeutung.

Prieuré bedeutet Kloster. *Prieuré de Sion* bezeichnet demnach die „Bruderschaft vom Berge Zion“. Die Prieuré de Sion belegt in der Hitliste der Verschwörungstheorien sicher einen der vorderen Plätze. Immerhin impliziert sie die Behauptung, der künftige französische König lasse sich aus der Abstammungslinie der Prieuré de Sion herleiten.

Dan Browns Bestseller *Sakrileg* lehnt sich eng an diese Legende an. In der deutschen Ausgabe ist zu lesen: „*Die Prieuré de Sion*, der Orden der Bruderschaft von Sion, wurde im Jahre 1099 gegründet und ist eine Geheimgesellschaft, die bis heute existiert. 1975 wurden in der Pariser Nationalbibliothek Dokumente entdeckt, die unter der Bezeichnung *Dossiers Secrets* (dt. Die geheimen Papiere) bekannt geworden sind … alle Dokumente sind wirklichkeits- bzw. wahrheitsgetreu wiedergegeben.“ Dies erweckt den Eindruck, als handle es sich um eine existierende Organisation und dass man die Geheimpapiere in der Pariser Bibliothek einsehen könne.

In der Tat gibt es solche Papiere, aber sie geben nur Anhaltspunkte für die Interpretation anderer Texte. Diese anderen Texte wiederum wurden von Pierre Plantard (1920–2000), dem „Erfinder“ des Priorats von Sion, an Gérard de Sède (1921–2004) ausgehändigt. Die Echtheit dieser Schriften wird in Abrede gestellt. Auffallend interessant an ihnen ist, dass die *Dossiers Secrets* von den Merowingern und dem legitimen Anwärter auf den französischen Thron handeln, als deren Nachfahre sich eben jener Pierre Plantard sah. 1993 gestand dann Plantard vor Gericht unter Eid, dass die Bruderschaft von Sion seine Erfindung war.

Das bis dahin Behauptete blieb hartnäckig: Zum Schutz der Geheimdokumente sei die Prieuré de Sion gegründet worden. Ihr hätten eine Reihe legendärer Gestalten angehört, wie Nicholas Flamel (1330–1418), Robert Fludd (1574–1637), Leonardo da Vinci (1452–1519) oder Isaac Newton (1642–1727) aber auch Victor Hugo (1802–1885) und Claude Debussy (1862–1918). Die Liste ist lang. Historiker konnten bislang keinerlei Beweise für irgendeine Berührung der Genannten mit dieser Bruderschaft ausfindig machen. Die fragwürdige Liste wurde vielmehr aus einem Buch von Harvey Spencer Lewis entnommen, mit dessen Rosenkreuzer-Organisation Plantard in den 1940er-Jahren Kontakt pflegte.

Plantard hatte ganze Arbeit geleistet und das Netz seiner Verschwörungsbezüge tief in die Vergangenheit hinein geknüpft. Die Ordensmitglieder der Prieuré de Sion seien nicht nur die Beschützer der Merowinger-Nachkommen, sondern selbst Nachfahren aus der Ehe zwischen Jesus Christus und Maria Magdalena. So sind neben der Urkundenlegende und der Gralslegende auch die Geschichte von Maria Magdalena miteinander verwoben. Man darf dabei nicht vergessen: Plantard wäre durch die *Dossiers Secrets* zum letzten Nachfahren Jesu Christi geworden …

Immerhin war am 7. Mai 1956 beim zuständigen Amt von Saint-Julien-en-Genevois tatsächlich die Gründung einer Prieuré de Sion durch Pierre Plantard unter dem Namen „Prieuré de Sion – C.I.R.C.U.I.T. (Chevalerie d'Institutions et Règles Catholiques d'Union Independante et Traditionaliste)“ eingereicht worden. Immerhin, wenn auch mit vielen Jahrhunderten Verspätung.

Doch zurück zu den Papieren: Sie sollen in der Pfarrkirche des französischen Dörfchens Rennes-le-Château versteckt gewesen und durch den Dorfpfarrer Berenger Saunière (1852–1917) aufgefunden worden sein. Einige behaupten, er habe damit bestimmte esoterische Kreise erpressen können und wäre zu Reichtum gelangt. Andere hingegen sind der Meinung, er habe den legendären Schatz der Templer oder den Heiligen Gral gefunden.

Der Pfarrer Saunière hatte zwar archäologisch interessante Funde gemacht, die im Museum der Stadt Rennes-le-Château ausgestellt sind, doch haben sie nichts mit Maria Magdalena oder der Prieuré de Sion zu tun. Auch die vermeintlich geheimnisvollen Zeichen und Symbole entpuppen sich bei näherer Betrachtung als solche, die innerhalb der katholischen Tradition stehen.

Saunière führte übrigens detaillierte Aufzeichnungen über seinen Tagesablauf sowie seine Einnahmen und Ausgaben. Daraus lassen sich eher kriminelle denn konspirative Aktivitäten schließen. So kassierte er auf illegale Weise Geld für Messen, die er nie zelebriert hatte. Zwischen 1896 und 1915 soll das bei etwa 100.000 Messen der Fall gewesen sein.

Im Sinne der Verschwörungsthese sind all diese komplizierten Zusammenhänge leicht zusammenzubringen: Demnach gäbe es eine verborgene Organisation, die dem rechtmäßigen König von Frankreich, der übrigens auch in der Tradition der Templer stand und ein Nachkomme der Ehe zwischen Maria Magdalena und Jesus war, zum Thron verhelfen sollte. Aber es gäbe auch Gegenkräfte, die dieses Ziel zu torpedieren versuchten. All das belegen die Geheimen Dokumente und die Bücher von Lincoln, Baigent und Leigh. Heute noch – merkwürdig genug – wird solchen Behauptungen Glauben geschenkt. Die Templer-Legende wird damit wohl weitere Verschwörungsmythen nähren und überleben.

Geheimdienste und Verschwörung: CIA, JFK und 9/11

Geheimdienste sind zu typischen Begleitern von Verschwörungen geworden. Unzählige Filme, Bücher, Medienberichte und Gerüchte kursieren über sie. Immer wieder werden Enthüllungsbücher geschrieben und die Öffentlichkeit hegt den Glauben, informiert zu sein. Das wiederum widerspricht der Logik von Geheimdiensten, denn sie müssen ja im Verborgenen agieren und nicht jeder ihrer Schritte darf von den Medien publik gemacht werden, um ihren Auftrag nicht zu gefährden. Andererseits ist es gerade die Undurchsichtigkeit ihrer Arbeit, die sie bis heute in die Kritik bringt.

Informationen über Geheimdienste sind das unumstrittene Zugpferd für Verschwörungskonstrukte. Vor allem die amerikanische Öffentlichkeit reagiert zunehmend allergisch auf Enthüllungen über ihre Geheimdienste. Würden Filme und Bücher über CIA und FBI Gradmesser für die Integrität dieser Organisationen darstellen, dann stünden Geheimdienste in der Glaubwürdigkeitsskala auf einem Tiefpunkt.

Amerikanischen Geheimdiensten wird beinahe alles zugetraut: Von der Ermordung John F. Kennedys, Martin Luther Kings oder Robert Kennedys bis hin zum Anschlag auf das World-Trade Center am 11. September 2001. Ursprünglich als Instrument zum Schutz der Demokratie und ihrer Bürger eingerichtet, werden die Geheimdienste von Letzteren zunehmend als Bedrohung angesehen.

Der Journalist der *Washington Post* Bob Woodward – er wurde zusammen mit seinem Kollegen Carl Bernstein für die Enthüllung des Watergate Skandals berühmt – beschreibt in einem umfangreichen Buch, wie die CIA die Außenpolitik der USA beeinflusste. Seiner Meinung nach gingen die CIA und das Weiße Haus eine unheilvolle Allianz ein, die Verrat, Erpressung und sogar Mord zur Folge hatten. Der damalige Präsident Richard Nixon hatte die Sandinisten Nicaraguas und den Iran mit Gaddafi, den er als „Weltverschwörer" verdächtigte, im Visier.

Wenn wir noch weiter zurückgehen und den Verschwörungstheorien Glauben schenken wollen, finden wir in den 1960er-Jahren drei politisch motivierte Morde. Zum einen an John F. Kennedy (22. November 1963), seinen Bruder Robert Kennedy (5. Juni 1968) – dem man gute Chancen im Präsidentschaftswahlkampf und eine Veränderung der amerikanischen Politik zutraute – und am Bürgerrechtler Martin Luther King (4. April 1968), der sich gegen soziale Unterdrückung und Rassismus einsetzte. Bei Letzterem gehen Verschwörungstheoretiker davon aus, dass das FBI in das Attentat verwickelt war, aber auch, dass die Mafia etwas damit zu tun hatte. Im Fall von Robert Kennedy stand sein Mörder entweder unter Fremdeinfluss (Hypnose, Trance) oder es gab einen zweiten Schützen.

Jackie Kennedy nannte Lee Harvey Oswald, den Attentäter auf ihren Mann J. F. Kennedy, einen „silly little communist", womit wenigstens für sie feststand, dass es sich um einen Einzeltäter handelte. Andere waren sich da nicht so sicher. Bis heute wird die Ermordung Kennedys in einem größeren Zusammenhang gesehen.

Wer käme als Drahtzieher infrage? Beispielsweise Lyndon B. Johnson, der unter Kennedy Vizepräsident war und möglicherweise Angst hatte, dass er nach der Wahl 1964 nicht mehr in diesem Amt tätig sein könnte. Dann gäbe es noch ein Konsortium einflussreicher Militärs und Wirtschaftsleute, die ein Ende des Vietnamkriegs verhindern wollten, was Kennedy angedeutet haben soll. Auch die CIA darf nicht fehlen, denn Kennedy soll mit ihrer Auflösung gedroht haben. Zudem ist die Mafia ein möglicher Kandidat, denn ein Mafia-Boss soll mit der Ermordung J. F. Kennedys geprahlt haben. Gerüchten zufolge soll Lee Harvey Oswald einst für diesen Mafia-Boss tätig gewesen sein.

Verschwörungstheoretikern geht es jedoch oft um mehr als nur um eine Person. Deshalb werden Ereignisse gerne in einen umfassenden historischen Zusammenhang eingebettet. Beispielsweise versucht man Parallelen zwischen dem 16. Präsidenten der USA und J. F. Kennedy als ihrem 35. Präsidenten herzustellen. Hier eine Kostprobe: Lincoln ist 1846, Kennedy 1946 in den Kongress gewählt worden. Lincoln wurde 1860, Kennedy 1960 Präsident. Beide Namen bestehen aus 7 Buchstaben. Ihre Ehefrauen verloren Kinder während der Präsidentschaft. Beide wurden an einem Freitag erschossen, in den Kopf mit jeweils einer Kugel. Beide Morde umgab das Gerücht einer Verschwörung. Lincolns Sekretär soll Kennedy geheißen haben; Kennedys Sekretär hieß Lincoln. Beider Vizepräsidenten hießen Johnson; der eine wurde 1808, der andere 1908 geboren. John Wilkes Booth, der Mörder Lincolns wurde 1839, Lee Harvey Oswald, der Mörder Kennedys, 1939 geboren. Und so weiter.

Nehmen wir ein anderes nicht ganz ernst gemeintes Beispiel: Die Lichtgestalt des deutschen Fußballs (*Licht = illuminiert = Illuminaten?*), Franz Beckenbauer, lässt sich numerologisch wie folgt aufschlüsseln: Der Name *Franz Beckenbauer* hat 16 Buchstaben. Im Jahr 1958 wechselte er zum *FC Bayern München*. Wenn man München als *Muenchen* liest, kommt man ebenfalls auf die Zahl 16. Wenn man dazu noch weiß, dass Beckenbauer eben nicht zum *TSV 1860 München* ging, dann ist das deshalb folgerichtig, weil dieser Verein nicht zu ihm passt, denn wir bekämen *nur* die Zahl 15: 1860 ergibt in der Quersummer nur eine 15 und *TSV 1860 Muenchen* hat eben nur 15 Zeichen.

In der deutschen Nationalmannschaft (Europameister 1972 und Weltmeister 1974) lief es erst richtig rund, als Beckenbauer auf die Libero-Position wechselte: *Deutsche Nationalmannschaft Libero* = 32 Zeichen, darin steckt zweimal die Sechzehn. Im Jahre 1974, also 16 Jahre nach seinem FC Bayern-Start im Jahre 1958, wird Beckenbauer Fußballweltmeister. 16 Jahr später (1990) wird er Weltmeister als Trainer. 16 Jahre später (2006) holt er die Fußball-WM ins „eigene Land“. Nach weiteren 16 Jahren (2022) erhält „Der Kaiser“, wie sein Spitzname lautet, den Ehrenpreis *Deutscher Fußball Botschafter* für sein Lebenswerk.

Was bleibt? – Es ist die Lust am Zusammenhang und gleichzeitig der Wunsch nach Kohärenz. Dann der Verdacht, dass alles kein Zufall sein kann und der daraus abgeleitete Versuch, eine geheime Weltordnung zu finden, die zeigt, dass es keine Zufälle gibt. Wenn es keine Zufälle gibt, muss es folgerichtig eine „geheime“ Weltordnung geben ... Alles wird bedeutsam. Jede Idee, jede Tat, jeder Anschlag kann ein Zeichen, ein Symbol für etwas Umfassenderes sein. Die Anschläge vom 11. September 2001 hatten solche Zusammenhänge schmerzlich vor Augen geführt.

Die Terroranschläge vom Dienstag, dem 11. September 2001 sind nicht nur schrecklich für Opfer und Angehörige, sondern werden auch als Tragödie und Wendepunkt im neuen Jahrtausend angesehen, das mit viel Optimismus begrüßt worden war. Es ist sogar die Rede von einem 9/11-Trauma, das die Amerikaner erfasste, verbunden mit Unsicherheit und Verstörung darüber, wie sie der Welt künftig begegnen sollten. So ungeheuerlich die Anschläge waren, ebenso symbolisch aufgeladen sind sie.

Der 9. September, abgekürzt 911 ist zugleich die Notrufnummer der Vereinigten Staaten. Die Twin Towers des World Trade Center galten als Wahrzeichen des Welthandelszentrums. Das Attentat selbst generierte zum Symbol des Kampfes gegen den Terrorismus und hat den USA den „Krieg gegen den Terror“ und eine „Achse des Bösen“ beschert.

Präsident George W. Bush kündete einen langen „Krieg gegen den Terror“ an: den zweiten Krieg gegen den Irak und den Krieg in Afghanistan, um den mutmaßlichen Drahtzieher Osama bin Laden und seine Terrororganisation al-Qaida zu finden und zu bekämpfen. Damit einher ging auch eine Welle der Verunsicherung und teilweise übertriebener Vorsichtsmaßnahmen, die sich zum Beispiel auf strenge Einreisebestimmungen in die USA niederschlugen. All dies ist auch Ausdruck eines traumatisierten Landes, das jahrhundertelang für Freiheit und Unabhängigkeit stand und sich völlig sicher wähnte.

Bereits am 26. Februar 1993 war das WTC Ziel eines Bombenanschlags islamistischer Terroristen gewesen. Und 18 Jahre später sollte es das Ziel eines weiteren Anschlags sein. Vier Verkehrsflugzeuge wurden gekapert. Zwei davon steuerten in die Türme des World Trade Center (WTC) in New York City, ein weiteres ins Pentagon. Das vierte wurde aufgrund von Kämpfen zwischen Passagieren und Attentätern zum Absturz gebracht, ohne sein mutmaßliches Ziel in Washington D. C. zu erreichen.

Vor allem der Einschlag der Flugzeuge in die Twin Towers und der anschließende Einsturz der beiden Türme gab Anlass zu Spekulationen. Unabhängig davon, dass man immer noch darüber staunt, wie es 19 mit Teppichmessern bewaffneten Terroristen gelungen sein soll, vier Flugzeuge zu entführen, selber zu steuern, die Luftabwehr zu täuschen und unermesslichen Schaden anzurichten. Die Fakten liegen offen: die Zerstörung der Gebäude und die Todesopfer. Interessanterweise werden gerade Letztere bei den Erklärungsthesen wenig berücksichtigt. Oder andersherum: Müssten wir nicht gerade für sie Erklärungen finden?

Jedenfalls kamen schon bald nach den verheerenden Anschlägen Verschwörungstheorien über 9/11 oder 911 auf.

Einige vermuteten eine Zusammenarbeit zwischen der US-Regierung und den Geheimdiensten mit dem Ziel, den Krieg gegen die Islamisten zu forcieren. Aber auch der jüdische Geheimdienst Mossad oder das „Weltjudentum" wurden als Täter ausgemacht. Damit wäre wieder eine Parallele zu den legendären *Protokollen der Weisen von Zion* möglich. Dann aber bliebe merkwürdig, dass der Pächter des WTC Larry Silverstein ist, Sohn jüdisch-russischer Einwanderer. Er hatte am 24. Juli 2001 den Pachtvertrag abgeschlossen. Den Medien warf man damals Selbstzensur und Verschleierung vor, was angesichts der beinahe narzisstischen Informationsfreudigkeit von Medien eine gewagte These ist.

In den geschilderten Fällen finden wir das klassische Muster einer Verschwörungstheorie: Am Anfang stehen die Tatsachen. Sie bilden den Ausgangspunkt und die Grundfakten. Nun werden diese in Zweifel gezogen. Zwar bleiben die Zerstörung der Twin Towers, die Ermordung J. F. Kennedys usw. als Fakten bestehen, doch werden an der Deutung – Attentat? Terroranschlag? – Zweifel festgemacht. Dadurch geraten auch die Tatsachen selbst in Zweifel und die Suche nach anderen, neuen Erklärungsmöglichkeiten setzt sich in Gang.

Aus Tatsachen wurden im wörtlichen Sinne Sachen, die jemand getan hat (*Tat*-Sachen), sodass sie nicht einfach nur feststehen (Fakten sind), sondern angezweifelt werden können. *Jemand* hat etwas getan, aber nicht der als offiziell und offensichtlich ausgemachte Täter, wenn aber doch, dann wurde er zumindest manipuliert. Nachdem der Einzeltäter bzw. die Terroristen (Faktum) zur Theorie geworden sind, ist die Tür offen, um andere mögliche Theorien einzuladen, es sich im verschwörungstheoretischen Deutungsraum bequem zu machen.

Sowohl beim Kennedy-Attentat wie bei allen anderen angeblichen Verschwörungen geht es nicht vordergründig darum, die Fakten infrage zu stellen, sondern sie zu deuten, zu erklären und „hinter" die „wahren" Gründe zu gelangen. Es geht darum, aufzudecken, wer die Tat veranlasst hat. Dabei wird die Tat nicht mehr isoliert betrachtet, sondern in einen größeren Zusammenhang gestellt und historisch und gesellschaftlich verankert: Sie wird zur Tat von Geheimdiensten, Regierungen, Geheimorganisationen usw. Auf diese Weise werden auch längst überholt geglaubte Verschwörungstheorien angedockt und erhalten so neue Nahrung. Letztlich ein Teufelskreis, der nach einer schlüssigen Antwort verlangt, sie aber nie bekommen wird. Denn wann immer eine Antwort gegeben wurde, kann sie mit dem gleichen Recht angezweifelt werden wie alle anderen Antworten und Erklärungen. Das Rad beginnt sich von Neuem zu drehen.

∞

Eine (un-)vollständige Liste zu behandelnder Verschwörungstheorien

... * 23 * 37 * 99 * 666 * Allsehendes Auge * Antichrist * Assassinen * Außerirdische * Barschel-Affäre * Bielefeld-Verschwörung * Bilderberg-Konferenzen * Bolschewismus * Bruderschaft der Schlange * Brunnenvergiftung * Cagliostro * Catilinarische Verschwörung * Christenverfolgung * Dolchstoßlegende * Elvis * Erich von Däniken * Freimaurer * Germanen-Orden * Giordano Bruno * Großindustrie * Hexenverfolgung * HIV * Hohlwelttheorie * Jakobinertum * Jesuiten * Katharer * Kaspar Hauser * Klu Klux Klan * Kommunismus * Kommunistische Internationale * Kornkreise * Mafia * Marx * McCarthy-Ära * Möllemann * Mondlandung * Nazigold * Neue Weltordnung * Nikola Tesla * Novemberrevolution * Olof Palme * Opus Dei * OTO * P2-Loge * Papisten-Verschwörung * Paul McCartney * Piusbruderschaft * PSI-Angriffe * Pyramide * RAF * RFID * Rye-House-Verschwörung * Satanismus * Skulls & Bones * Sonnentempler * Stammheim (Selbstmordthese) * Strichcode * Tannenbergbund * Throckmorton-Verschwörung * Tibet-Expedition * UFOs * Unterschwellige Werbung * Vril Gesellschaft * Waldenser * Weltjudentum * Weltregierung * www * ...

Nachbetrachtung: Cui bono – Wem nützt es?

Folge dem Weg des Geldes ...
Deep Throat in *Die Unbestechlichen*

Avi Primor – von 1993 bis 1999 Botschafter Israels in der Bundesrepublik – sagte am 5. Mai 2010 in einem Interview mit Joachim Scholl im Deutschlandradio: „In Deutschland hat mich am meisten die Beschuldigung gestört, die Juden und die Israelis würden Deutschland ausbeuten, sie würden den Holocaust als Gewinn nutzen." Und er erzählt einen Witz „aus den 30er-Jahren, wo man in der offiziellen Propaganda die Juden mit allem beschuldigt hat, und da haben ein paar Nazi-Raufbolde einen alten Juden angegriffen und sagen, na, sag mal jetzt, wer ist an allem schuld? Dann sagt er, an allem sind die Juden und die Radfahrer schuld. Dann fragen sie überrascht, warum die Radfahrer? Da sagt er, und warum die Juden?" Wird hier nicht das ganze Dilemma deutlich, in dem wir uns befinden?

Schuld sind immer nur die anderen. Davon lebt auch die Verschwörungstheorie. Sie bedient sich einer einfachen Schwarz-Weiß-Weltsicht, die zwar überzeugend *für* eine Sache argumentiert, dabei aber vergisst, dass die andere Seite dasselbe tun kann. Was daraus folgt ist ein nicht enden wollendes Dilemma.

Alles, was offensichtlich ist, hat auch eine verborgene Seite; und alles, was verborgen ist, kann ganz offensichtlich sein ... nur: Wir nehmen es nicht wahr, bis uns jemand darauf hinweist. Und genau das ist es, was Verschwörungstheorien tun. Sie weisen uns auf versteckte Zusammenhänge hin. Dafür sollten wir dankbar sein. Warum aber sind wir es nicht?

Ein Argument verweist doch auf ein anderes; eine logische Schlussfolgerung zieht eine neue nach sich. Man ist sogar versucht zu vermuten, dass dem Denken und Argumentieren selbst bereits ein Verschwörungsmechanismus innewohnt, der wie von selbst – sozusagen aus sich heraus – wirtschaftliche Interessen, Verschwörungstheorien und Manipulationen hervorbringt. Ein Mandala aus Absicht, Sinn und zielgerichteter Intelligenz wird so konstruiert. Die damit verbundene Unschärfe wird nicht nur in Kauf genommen, sie ist das Programm. Oder wie es der Autor und Verschwörungsexperte George Johnson ausdrückt: „Verschwörungstheorien zu erfinden ist offenbar viel einträglicher, als solche Theorien zu entlarven. Und das ist ein weiterer Grund dafür, dass dieser Wahn nie ganz erlöschen wird."

Anders gesagt: Wer beispielsweise eine Illuminaten-Verschwörungstheorie anzweifelt, macht sich zugleich verdächtig, selbst ein Illuminat zu sein oder von Illuminaten manipuliert zu werden. Aus einer solchen Logik gibt es kein Entrinnen.

Es gibt ebenso viele Fakten und Tatsachen wie abweichende Meinungen und Ansichten, und es gibt eindeutige Bilder und Symbole ... sie alle sprechen eine Sprache, die sich in eine Verschwörungstheorie verwandeln lässt und die wir, je mehr wir uns ihr nähern, immer weniger verstehen. Je deutlicher das Phänomen der Verschwörung vor unseren Augen aus dem Nebel der Geschichten auftaucht, desto klarer wird auch, dass wir wenig oder nichts darüber wissen.

Ein unbefriedigender Zustand? Möglicherweise, aber dennoch lohnenswert. Ein Roman illustriert anschaulich die Mechanismen von Verschwörungstheorien: *Das Foucaultsche Pendel*, mit dem Umberto Eco nicht nur das Weihnachtsgeschäft der Buchhandlungen von 1989 rettete, sondern auch einen gewissen Verschwörungs-Hype auslöste. Der Titel ist Programm. Anhand des Foucaultschen Pendels kann gezeigt werden, dass die Erde sich dreht. Wenn sich alles dreht, wo ist dann der feste Punkt, um den es sich dreht? Wir finden ihn im Aufhängepunkt des Pendels. Er bildet den Mittelpunkt der Welt.

Der Clou ist, dass dieser Mittelpunkt an jedem beliebigen Ort der Erde sein kann, je nachdem, wo ich das Pendel aufhänge. Jeder Punkt der Welt kann zum Mittelpunkt der Welt werden. Alles kann als Anhaltspunkt – oder Ausgangsort – von „Verschwörung" dienen …

Die Folge davon: Man glaubt das, was man glauben will. Was man glauben will, hängt wiederum davon ab, wie plausibel es einem selbst erscheint. Wird die Vorstellung von einer anderen Person unterstützt und damit bestärkt, kann alles mehr und mehr zur Realität werden, und es wird ein unsichtbares Netz über die Welt gelegt. Was zur Theorie passt, wird dann in diesem Netz eingefangen. Alles andere, das ist die Krux an einem Netz, fällt durch die Maschen. Ein solches Netz kann auch sehr stark sein, so stark, dass es beispielsweise dem Protagonisten des Romans von Umberto Eco das Leben kostete.

Hintergrund einer solchen Ordnungstheorie – denn eine Verschwörungstheorie ist nichts anderes als der Versuch, eine gewisse universelle Ordnung ausfindig zu machen – ist die Eliminierung des Zufalls. Wenn alles einen Sinn hat, wenn es keinen Zufall gibt, oder wenn der Zufall als das buchstäbliche Fallen von etwas auf etwas gesehen wird, wodurch seine Unvorhersehbarkeit verloren geht und der Gedanke der Ordnung hergestellt ist, dann muss es doch auch einen Plan geben. Ist ein Plan nicht das Gegenteil von Zufall? Und wenn es keinen Zufall gibt, dann ...

Die Welt ist komplexer, als wir es uns vorstellen können. Und doch treibt uns die Idee von Einheit an, die wir dahinter spüren oder zu spüren glauben. Nehmen wir nicht in besonderen Momenten die Welt als Einheit wahr? Ein solches Gefühl der Einheit ist nicht nur Ausdruck einer Versponnenheit oder von Sehnsucht, sondern wir nehmen intuitiv wahr, dass in einem solchen Moment alles ganz einfach ist! Alles ist mit allem verbunden und harmoniert miteinander.

Wenn wir die Welt auf einfache Strukturen reduzieren – das hat immer eine zu einfache Welterklärung zur Folge – in der Annahme, dass wir uns damit der Einheit nähern, dann haben wir sie gerade verpasst. Es wäre einfach zu sagen: Alle Vögel können fliegen. Aber was ist mit den Hühnern? Oder den Hausgänsen? Oder mit den Straußenvögeln? Nun, sie fallen aus dem Raster. Gehören sie trotzdem zur Einheit „Vögel", auch wenn sie aus dem Klassifikationsschema herausfallen?

Oder wenn wir sagen: Alle müssen so denken wie ich. (Aber weiß ich, wie ich denke?) Wenn jemand nicht so denkt wie ich, was dann? Hinter solchen einfachen Vorstellungen von Einheit steckt ein missverstandener Einheitsbegriff und damit eine allzu einfache Form der Reduktion. Anders gesagt: auch die Einheit ist einfacher und komplexer als sie zu sein scheint.

Wenn wir einen Schritt zurücktreten, bemerken wir, dass auch bei Umberto Ecos Roman *Das Foucaultsche Pendel* etwas nicht ganz zu stimmen scheint, denn er überlässt dem Guten keinerlei Raum. Und an das Gute glauben wir nach wie vor. Es mag naiv sein, aber schwerlich lässt es sich in einer Welt leben, die gelten macht, dass es nichts Gutes gibt und dass alles vorherbestimmt oder determiniert feststünde.

Verschwörungstheorien erwecken den Eindruck, dass sie alles erklären und alles abdecken können, doch ein solches Unterfangen bleibt brüchig und unhaltbar, denn es wird immer einen Rest geben, der sich allem entzogen hat.

Verschwörungstheorien haben einen negativen Beigeschmack. Verschwörungen sind destruktiv, zerstören eine bestehende Ordnung, manipulieren, sind geheim und ihre Verschwörer arbeiten im Verborgenen. All das verheißt eben nichts Gutes. Oder doch? Das führt uns zu der Frage, ob es auch einen positiv besetzten Begriff rund um die Verschwörungstheorie gibt? Lapidar gesagt: für Verschwörer sicherlich!

Lohnt sich hierfür der Blick auf das Verborgene hinter den Verschwörungstheorien, als da wären die Sehnsucht nach Ordnung, Sinn und Kohärenz?

Versuchen wir es dafür mit einem anderen Blickwinkel: Worauf zielt eine Verschwörungstheorie ab? Sie will zeigen, dass das, was wir als Tatsache wahrnehmen, etwas anderes aussagt, als vermutet. Ungereimtheiten, Widersprüche oder Unstimmigkeiten lassen Zweifel an den Fakten als Tatsachen aufkommen und führen zu der Schlussfolgerung, dass alles anders interpretiert werden muss, als es üblicherweise zu verstehen geboten ist.

Verschwörungsgläubige nehmen an, dass die Welt manipuliert ist, dass von geheimen Machtzentren aus gesteuert wird, dass es geheime Drahtzieher und Machtzentralen gibt, die uns alle lenken. Nach einer solchen Auffassung leben wir also in einer Diktatur, einer Diktatur der Unwissenheit oder der verborgenen geheimen Herren der Welt.

Verschwörungstheoretikern geht es um Wahrheit, also darum aufzudecken, was „hinter den Kulissen" vor sich geht. Es ist ihr Anliegen, der Welt die Augen zu öffnen. Sie wollen, dass jeder Zugang zu allen Informationen hat, dass niemand manipuliert wird, dass es keine geheimen oder dunklen Kanäle gibt, sondern Transparenz und Offenheit. Jeder, so schlussfolgern sie, habe das gleiche Recht auf Information und auch auf Mitsprache, denn es gehe nicht nur um sein Leben, sondern auch um seine Nachbarn, sein Land und um seine Werte. Im Grunde gehe es den Verschwörungstheoretikern um einen „offenen Staat" und freie Verhältnisse im besten Sinne!

Nüchtern betrachtet streben Verschwörungstheorien – so sie an Aufdeckung und nicht an Gewalt interessiert sind – eine offene Gesellschaft an und haben, sofern sie sich an Argumente und an eine Vorbildfunktion halten, im idealen Sinne auch die gleichen Ziele.

Auf das Argument hin, dass wir bereits in einer offenen, demokratischen, wenn auch fehlerhaften und unvollkommenen Gesellschaft und keinem despotischen Regime leben, entgegnen uns Verschwörungstheoretiker, dass es uns eben nicht bewusst sei, Spielball einer geheimen Diktatur zu sein.

Wenn man Verschwörungstheoretikern nicht gerade „heimliche Weltherrscherabsichten" unterstellen will, sondern ihnen altruistischere Ziele zugesteht, dann läge hier die Basis, um miteinander zu kommunizieren. Und ist es nicht genau das, worum es letztlich geht: statt zu blockieren, aufeinander zuzugehen und miteinander zu reden?

Zwar ist jede Verschwörung manipulativ, aber eine Theorie darüber sollte es nicht sein. Um die Mechanismen der Manipulation aufzulösen, bedarf es erkenntnistheoretischer Argumente. Es bedarf nachvollziehbarer Begründungen und der Plausibilität. Die brauchbare Theorie sucht die vermuteten „geheimen" Pläne aufzuspüren und möchte die Mechanismen von Verschwörung aufzeigen. Der entscheidende Schritt bleibt die Aufdeckung einer Verschwörung durch eine geeignete Theorie.

Wohin also führt der Weg? Das Ziel soll sein, Verschwörungen nicht nur zu begreifen und aufzulösen, sondern ihnen die Grundlage zu entziehen. Das geschieht durch Offenheit und Transparenz. Die Worte des Dichters Friedrich Hölderlin „Der Gang aufs Land" (1801) weisen die Richtung. Auf den Weg machen müssen wir uns selbst.

Komm! ins Offene, Freund! zwar glänzt ein Weniges heute
Nur herunter und eng schließet der Himmel uns ein.
Weder die Berge sind noch aufgegangen des Waldes
Gipfel nach Wunsch und leer ruht von Gesange die Luft.
Trüb ists heut, es schlummern die Gäng' und die Gassen und fast will
Mir es scheinen, es sei, als in der bleiernen Zeit.
Dennoch gelinget der Wunsch, Rechtglaubige zweifeln an Einer
Stunde nicht und der Lust bleibe geweihet der Tag.
Denn nicht wenig erfreut, was wir vom Himmel gewonnen,
[...]

10 Ratschläge was tun, wenn Sie sich mit einer Verschwörungstheorie konfrontiert sehen

1. Bleiben Sie ruhig.

2. Bewahren Sie einen kühlen Kopf.

3. Hören Sie aufmerksam zu: Was will Ihnen der andere *tatsächlich* sagen?

4. Denken Sie vorurteilslos über das Gesagte nach.

5. Prüfen Sie die Fakten.

6. Wahren Sie kritische Distanz.

7. Denken Sie daran: Jede Theorie muss erst an der Praxis überprüft werden.

8. Achten Sie auf Ihr Bauchgefühl. Wie fühlen Sie sich bei alledem?

9. Bleiben Sie höflich.

10. Was haben Sie für sich gelernt?

Anhang 1

Eine Verschwörungstheorie ist immer Teil einer Gleichung mit einer oder mehreren Unbekannten, die gelöst werden will. Letztlich sollen Links und Rechts des Gleichheitszeichens übereinstimmen. Erst dann wird man zufrieden sein können, wenn beispielsweise die Schlange an allem schuld ist, oder die Illuminaten oder eine Geheimorganisation oder ... oder ... oder.

In eine Gleichung gepackt, und zwar eine Gleichung, mit der man zeigen kann, wie eine Verschwörung mit einer Verschwörungstheorie zusammenhängt, liest sich das wie folgt. Unter der Annahme, dass eine Theorie dann gültig ist, wenn sie ein Phänomen erklärt, gehen wir davon aus, dass auf der linken Seite der Gleichung die Verschwörung zu stehen kommt, während auf der rechten die Verschwörungstheorie ihren Platz hat. Beispielsweise so: Verschwörung = Verschwörungstheorie.

Die Gleichung besagt, dass die Verschwörungstheorie die Verschwörung aufdeckt, erhellt oder erklärt.

Andererseits wissen wir, dass eine Verschwörungstheorie auch die Grundlage für eine Fortsetzung einer Verschwörung sein kann. In diesem Fall spricht man von einer Verschwörung 2.0. Auf der folgenden Seite wird dieser Zusammenhang noch deutlicher dargestellt:

Damit haben wir folgende Variablen:

(V) steht für eine Verschwörung.
(VT) steht für die Verschwörungstheorie
(-VT) steht für eine Verschwörungstheorie, die selbst wieder Aspekte einer Verschwörung trägt (= Verschwörung 2.0).

Daraus ergibt sich folgende Gleichung:

(VT) sucht (V) aufzulösen.
(-VT) sucht (V) für eigene Zwecke zu nutzen.
(VT) sucht, sich von (-VT) abzugrenzen und gleichzeitig (V) zu enttarnen.

In einer Gleichung ausgedrückt, liest sich das wie folgt:

1. (V) - (VT) = 0

Aufgelöst ergibt dies die obige Gleichung: Verschwörung = Verschwörungstheorie.

Wird der Verdacht geäußert, dass es der Verschwörungstheorie nicht um die zwingende Aufklärung der Verschwörung gehe, sondern eher um eine Erweiterung, haben wir es mit folgender Gleichung zu tun:

2. (V) - (-VT) = (V)′

Die letztere Gleichung beherrscht den Alltag mit seinem irrationalen Kreisgang, der einer Spirale gleicht, die aufwärts zur Wahrheit zu führen meint, tatsächlich aber abwärts zur Täuschung navigiert. Die Macht der Manipulation ist dabei so groß, dass (-VT) für (VT) gehalten wird. Ein offensichtlicher Fehler, der auf falschen Schlussfolgerungen und Prämissen basiert.

Anhang 2

Auszüge aus den Originalschriften der Illuminaten und Templer

Auszüge aus den Originalschriften der Illuminaten und Templer

Ein Buch über Verschwörungen bzw. Verschwörungstheorien benötigt neben Beispielen aus der Geschichte auch die eine oder andere Originalquelle aus der hervorgeht, wie sich Organisationen, die fester Bestandteil der Verschwörungsszene sind, selbst definieren. Aus zwei historischen Gruppierungen sind im Folgenden Materialien herangezogen: der Templer und der Illuminaten.

Um die Templer ranken sich bis heute Legenden und Mythen. Doch die reale Existenz der Templer ist ungleich harmloser. Weder ging es ihnen um eine groß angelegte Verschwörung, noch waren sie daran interessiert etwas zu tun, was nicht mit ihren selbst auferlegten Pflichten, den so genannten Ordensregeln, übereinstimmte. Auch in den historischen Quellen ist das Gesuchte nicht zu finden: Beweise für eine Parallelwelt, die die Templer zu Verschwörern macht. Das Gegenteil ist der Fall. Die Templer, so die Quellen, sind weder Verschwörer noch Hüter geheimer Wissensschätze über ein „verborgenes" oder „geheimes" christliches Abendland. Aber sie sind eine ideale Projektionsfläche, weil sie zum einen schon seit mehreren hundert Jahren verschwunden sind und zum anderen das Studium der Quellen umfangreiche Sprach- und Geschichtskenntnisse voraussetzt. All dies fehlt den heutigen „Verschwörungsexperten", so meine Vermutung. Doch statt sich auf verlässliche Expertenurteile zu stützen, stellen sie eigene Überlegungen an, die, gestützt auf dubiose Quellen, zu noch dubioseren Ergebnissen führen. Hier schließt sich der Kreis. Um diesem Umstand entgegenzuwirken und einen Einblick in die eigentliche Verschwörungswelt zu gewinnen, die bei näherer Betrachtung weder existiert noch relevant ist, werden hier einige Originalquellen abgedruckt.

Gleiches gilt auch für die Illuminaten um Adam Weishaupt. Oder welcher populäre Verschwörungstheoretiker hat sich die Mühe gemacht, die alten Schriften zu lesen, den umfangreichen Briefwechsel der Illuminaten zu studieren und zeitgenössische Urteile zu interpretieren? Vom Beginn des 18. Jahrhunderts bis in die Gegenwart bilden die Illuminaten eine Blaupause für ihre eigenen konspirativen Interpretationen der Wirklichkeit, deren bisweilen märchenhafte Widersprüche bezüglich Deutung, Bedeutung und Wirkung Stoff für ein eigenes Märchenland liefern. Das gedruckte Quellenmaterial soll zeigen, was die Ziele und Absichten der Illuminaten waren. Ob dann im Laufe der Jahrzehnte andere Gruppen oder Ideologien entstanden sind und sich des Namens bedienten, steht auf einem anderen Blatt, ebenso wie die Tatsache, dass die Umdeutung der Illuminaten viel interessanter klingt als das Original. Jedenfalls sollen die Zeugnisse dieser Gruppierungen zeigen, was wirklich gewollt war. Ob das im Widerspruch zu dem steht, was sich Einzelne vorstellen ... nun, das darf jeder für sich selbst herausfinden.

Auszug aus:
Weishaupt, Adam: *Das verbesserte System der Illuminaten mit allen seinen Graden und Einrichtungen.* Frankfurt und Leipzig 1788. S.15–25.

Ideen über das Wesen und Einrichtung einer geheimen Gesellschaft
Unterricht für die Mitglieder des ersten Grades

Die Zeit deiner Überlegung ist nun vorüber. Dein Entschluß dich mit uns zu verbinden, ist unabänderlich. – Freund! du laufst Gefahr, gemißhandelt, gemißbraucht zu werden. Du bist also fest entschlossen, neue Verbindlichkeiten zu übernehmen, deine durch andere Verhältnisse schon ohnehin eingeschränkte Freiheit noch mehr zu beschränken, das Schicksal anderer als dein eigenes anzusehen, durch Unklugheit, Übereilung, Leidenschaft deiner Mitverbundenen großen Gefahren und Verfolgungen ausgesetzt zu werden? Du, der du so gerne dieses Ganze nach deinem Wink zu ordnen und zu formen gedenkest, so gerne befehlen, und so ungern gehorchen willst, kannst dich entschliessen ein kleines Rad an einer großen Maschine zu werden, das nicht größer und nicht kleiner sein darf, als der Zweck erfordert, um die vorgehabte Würkung hervorzubringen? –

Bei solchen Bedenklichkeiten und Gefahren verlohnt es sich wohl der Mühe, und die Pflicht, und Redlichkeit eines ehrlichen Mannes erheischen es auch, jedem Neuling die Lage, in die er sich versetzen will, so zu schildern, daß er dereinst bei sich erhebendem Mißvergnügen, und späterhin erfolgender Reue sich mit Irrthum und Unwissenheit vergeblich schütze, über Verführung klage, und seine Unfolgsamkeit damit entschuldige. Da überdieß Menschen so häufig mit so heterogenen Gesinnungen, und Absichten, mit so fremden eigennützigen Erwartungen in geheime Verbindungen treten, daß diese schon allein die Ursache ihrers endlichen Verfalls werden, so erfordert es selbst das Beste dieser Verbindungen, daß man hier nicht heuchle, sondern frey von der Brust spreche, daß jeder Eintretende von allem gehörig unterrichtet, auf keine Art übereilt, sondern vielmehr in den Stand gesetzt werde, alles genau zu überlegen und mit seinen Wünschen und Erwartungen zu vergleichen. – Zu diesem Ende wisse dann, und höre!

1) Jede geheime Verbindung ist eine Vereinigung mehrerer Menschen zu einem, nur ihren Eingeweihten bekannten Zweck. Der Zweck ist das Erste und Wesentlichste jeder Menschenvereinigung. Ohne Zweck ist jede derselben unmöglich, ungedenkbar. Nach der Verschiedenheit dieser Zwecke richten sich ihre bessern oder schlechtern Einrichtungen, die Verschiedenheit der dahin führenden Mittel, ihre Gesetzmäßigkeit, und bürgerliche Toleranz, ihr Wert und Unwerth, ihre Pflichten und Rechte, Dauer und Verfall, Hindernisse und Fortgang, Zufriedenheit, Mißvergnügen, Anhänglichkeit, und Eifer der Verbundenen, die Gefahren oder Vortheile, ihre Verhältnisse zu der übrigen Welt, der auf sie sich verbreitende Nutzen oder Schaden, die günstigen oder widrigen Urtheile der Profanen. Jeder Zweck fordert eine enge zweckmäßige Vorbereitung und Behandlung der Mitglieder. Jedes muß ihn wollen, jedes dafür glühen, oder diese Vereinigung wird ein elender, schwacher, unzusammenhängender Körper seyn. – Diese Zwecke sind nun mancherlei: sie sind verschieden von Seiten der verschiedenen Gesellschaften; sie sind auch verschieden, von Seiten derer, welche eintreten.

2) Von Seiten der Gesellschaften sind sie edler und unedler, höher oder niedriger, allgemeiner oder eingeschränkter, eigennütziger oder gemeinnütziger, dauerhafter oder vorübergehend, gut oder bös. Die Zwecke aller dermalen so häufig vorhandenen geheimen Verbindungen möchten ohngefähr folgende seyn: Erforschung der Geheimnisse der Natur, Erforschung der Zukunft, Umgang mit höheren Naturen, die Erfindung des Steines der Weisen, Unterstützung, Handel, Aufnahme eines Lan-

des, Herrschsucht, Universalmonarchie, politische Pläne, Verbreitung eines gewissen Sektengeistes, Aberglaube und Dummheit, Verbreitung der Sittlichkeit und Aufklärung, Beförderungen menschlicher Glückseeligkeit, Erziehung und Bildung des Menschengeschlechts, Zeitvertreib, sinnlicher Genuß mit allen Arten und möglichen Abstufungen. Dieser entsetzlichen Verschiedenheit ungeachtet führen doch alle eine Sprache, alle versprechen Aufklärung, Beförderung menschlicher Glückseeligkeit, und oft decket sich der schändlichste Betrug mit dem ehrwürdigsten Namen, um sodann um so gewisser betrügen zu können. Alle ohne Ausnahme geben sich das Ansehen der vollkommensten Anstalt; alle ohne Ausnahme, die beste so wie die schlechteste dieser Verbindung, verbergen ihr Spiel, und erst spätere Folgen entdecken ihren Wert oder Unwerth. Und doch sind, wie du siehst, nicht alle gleich gut, sie verdienen nicht alle die Mitwürkung edlerer Menschen. – Welche sind nun bei dieser Ungewißheit, bei dieser Gefahr sich zu irren und hintergangen zu werden, für jeden, der den Drang oder Beruf fühlt, einzutreten, die sichersten Regeln, und Kennzeichen, um sich am wenigsten zu irren?

1. Wenn der Zweck bekannt und wahr ist, so dienet folgende Regel: je höher, allgemeiner, größer, edler der Zweck ist, je mehr er aus den Handlungen der bekannten Mitglieder hervorleuchtet, je einsichtsvoller und untadelhafter diese selbst sind: um so vollkommener, und im Gegentheil um so schlechter ist die Gesellschaft.
2. Wenn der Zweck ganz unbekannt ist, oder wie es mehrentheils geschieht, wenn er nur vorgeblich ist, so dienen folgende Regeln. Wenn die Geldauslagen entweder gar keine, oder sehr mäßig sind; wenn dein Aufnehmer ein dir genau bekannter moralischer Mensch ist; wenn andere dir bekannte Mitglieder es nicht weniger sind: so magst du den ersten Schritt wagen, um näher zu sehen, was an der Sache ist.
3. Spricht man dir sodann von Geheimnissen, welche die Kräfte der Natur und Vernunft übertreffen sollen, wird deinen Leidenschaf-

ten geschmeichelt, werden thörichte Erwartungen und betrügliche Hoffnungen erweckt, blinder Glaube und Unterwürfigkeit gefordert, alle Prüfung untersagt: so schaue dich um offne Thüren um, denn du bist in die Hände sehr großer Betrüger gefallen.

4. Enthält das, was dir entweder mündlich oder schriftlich vorgetragen wird, noch überdies Unsinn, mystisches Wortgepräng, oder eitlen Zeremonientand, geschieht dies alles mit einer geheimnißvollen Miene, im Thon der Pietisterei, so beschleunige noch mehr deinen Austritt.
5. Ist aber der Vortrag ernsthaft und wichtig, sind die Aufträge alle im gehörigen Verhältnisse mit dem Zwecke, werden deine ursprünglichen Pflichten dadurch befördert oder erleichtert, werden die Mitglieder vor und nach ihrem Beitritt ohne Unterschied der Stände genau geprüft, wird sonst noch mit Ernst, Offenheit, und Geradeheit verfahren: so hast du alle Ursache, das weitere abzuwarten, so lange du nichts gewahr wirst, was mit höheren Pflichten streitet.
6. Steigt noch vollends das Interesse mit jedem Grad; öffnen sich immer neue und größere Aussichten; erhältst du neue oder lebhaftere Bewegungsgründe des Rechtsverhaltens; erhöhen die vorgetragenen Lehren die Würde der Menschheit; machen sie dich mit deinem Stand und Schicksal zufriedener, ruhiger, seeliger; wird dies alles ohne alle Dunkelheit und Sophisterei vorgetragen; ist noch anbei die Lehre in das Betragen und die Sitten deiner Lehrer übergegangen: dann bist du in eine schätzbare Verbindung getreten, die deine ganze Mitwirkung verdienet. Es wird dir sogar Pflicht ihre Absichten zu befördern und ihre Vorschriften genau zu erfüllen. Dein moralisches Wohl, deine natürlichen Pflichten selbst befehlen dir diesen Beitritt und ernsthafte Mitwürkung.
7. Eidschwüre, Ceremonien, mäßiger Gelderlag, vorgebliches Alterthum allein genommen, beweisen weder für, noch wider die Güte einer geheimen Verbindung.

8. Mangel an Strenge, mit welcher auf die Befolgung der Gesetze gedrungen wird, Mangel von Ordnung und Punktualität, Vorliebe gegen gewisse Stände, Unbehutsamkeit in der Aufnahme, übereilte Beförderungen, Eigenmächtigkeit der Mitglieder, langsamer Gang der Ordensgeschäfte, überhand nehmende Lauigkeit, vernachlässigte Bildung sind zwar Fehler, doch liegt der Fehler mehr in der Ausführung, in den Personen als in der Sache selbst; es ist noch Hoffnung, daß sich alles mit Abänderung der Personen, vielleicht durch dein eigenes Mitwürken ändern werde. Alle diese Gebrechen sind Folgen eines in der ersten Anlage übel gegründeten, oder durch Unfähigkeit und Nachlässigkeit der Obern sich seinem Verfall nähernden, sonst vielleicht an sich sehr guten Gebäudes.
9. Mangelt aber Unterstützung und Hülfe in dringenden erprobten Notfällen, so herrscht in der Gesellschaft Lieblosigkeit, Gleichgültigkeit gegen das Schicksal Anderer. Der Gemeingeist, das Band der Vereinigung, und der Zusammenhang unter den Teilen ist äußerst schwach. Die Achtung der Bessern verliert sich, große Aufopferungen unterbleiben, und die Lauigkeit und Gleichgültigkeit gegen das Ganze, Murren und Unzufriedenheit treten ein, und der Körper geht seiner Auflösung entgegen.
10. Von Seiten der Eintretenden können die Zwecke so verschieden seyn, als die Leidenschaften, Wünsche und Erwartungen einzelner Menschen. Dahin gehören zum Beispiel Zeitvertreib, Modesucht, Eitelkeit, Begierde nach Bekanntschaften mit Fremden, mit Gelehrten, mit Höheren, Beförderungssucht, das Vorurteil des Altertums und einer allgemeinen Verbreitung, Ehrgeiz, Herrschsucht, Unterstützung, Mysteriensucht, Handlungsvorteile, Erleichterung seines Geschäfts und Gewerbs, Vorwitz und Neugierde. Alle Menschen, die aus diesen oder ähnlichen Ursachen eintreten, sind für eine Gesellschaft, die ins Große zu wirken gedenkt, nicht nur gänzlich unbrauchbar, sondern sogar im höchsten Grad gefährlich. Alle diese Absichten trennen und tei-

> len, und die Gesellschaft will vereinigen. Und doch ist von tausenden, die sich um die Aufnahme bewerben, kaum ein einziger davon befreit. Alle zeigen sich auf der schönen Seite, alle rühmen die Uneigennützigkeit ihrer Absichten.

Diese Absichten würken oft bei dem besseren Theile der Menschen nur aus dem Hintergrund so sehr im Verborgenen unter der Masque des allgemeinen Wohls, daß auch genaue Forscher sich selbst gar zu vielfältig verkennen. Traue daher nie ihren Worten. Wiederholte Thaten allein können entscheiden. Hier kann eine gute Vorbereitung vor dem Eintritt selbst, und eine langsame Beförderung die verborgenste Triebfeder entdecken. Jeder der obigen Aspiranten hat seine eigene Art, den Eintritt zu verlangen, sich nach dem Eintritt zu betragen. Nach und nach werden ihre geheimen Forderungen sichtbar; nach dem Wachsthum oder der Verminderung der Wahrscheinlichkeit für die Befriedigung ihrer Wünsche, steigt oder erkaltet ihr Eifer. Keiner von allen hält es gegen die Zeit aus. Mancher Betrüger und Gleisner hat sich erst einige Jahre nach seiner Einweihung entdeckt; kein Mensch ist versichert, bei dem nicht gute Grundsätze zum Bedürfniß geworden sind, der nicht bei vielen Vorfällen und manchen Gelegenheiten und Aufforderungen das Gegentheil zu thun, im Kampfe gegen und mit sich selbst gelegen, und seine Grundsätze durch entsprechende Handlungen mehrmalen geäussert hat. Einzelne Aufwallungen zum Guten, die so geschwind vergehen, als sie entstanden sind, entscheiden sehr wenig. Zu der Kunst, das Feuer in den Seelen der Menschen anzufachen, muß noch eine zweite hinzu kommen, die Kunst dieses Feuer beständig in einem gemäßigten Grad zu unterhalten. Hier liegt alle Weisheit. Furcht macht Heuchler, und Hoffnung erzeugt Schmeichler; anhaltende Liebe zum Zweck allein macht dauerhafte, versicherte, freywillige und überzeugte Mitarbeiter und Anhänger.

Auszug aus:
Weishaupt, Adam: *Das verbesserte System der Illuminaten mit allen seinen Graden und Einrichtungen.* Frankfurt und Leipzig 1788. S. 42–59.

Die Sittenlehre ganz allein ist im Stande dieses Mißtrauen zu vertilgen: denn sie lehrt Mäßigung und Mäßigkeit; sie lehrt, sich mit Wenigem zu begnügen, die unedlern Bedürfnisse des Körpers zu vermindern, um jede des Geistes zu erhöhen; sie lehrt Menschen die Einsicht von ihrem wahren Vortheil, den Wert und die Nothwendigkeit von Enthaltsamkeit, von Treue und Glauben, in der bürgerlichen so wie in jeder andern Gesellschaft. –

Es gibt also Mängel und wesentliche Mängel, gegen welche öffentliche Anstalten zu schwach und nur geheime Verbindungen eine angemessene Würksamkeit haben. Diese Mängel sind entweder zu allgemein und herrschend, oder gründen sich auf gewisse sehr alte tief eingewurzelte Vorurtheile und Rationalbegriffe, wie z.B. die so vergeblich durch alle Gesetze bestrittene Neigung zum Zweykampfe. Sich an solche mit offenbarer Gewalt zu wagen, wäre zu gefährlich, würde die gegenseitige Würkung hervorbringen, die Schwäche der obersten Gewalt entdecken, das ganze Staatsgebäude erschüttern. Sitten werden durch Sitten geändert, und Meinungen durch das langsame unmerkliche Entstehen neuer Meinungen verdrängt. Dieser Gang ist langsam, die Früchte und Entwicklung davon zu sehr in der Ferne, als daß eine Würkung davon zu hoffen wäre, wenn nicht nach einem tiefen wohl überdachten Plan gearbeitet, und die Ausführung davon nicht einem einzigen hinfälligen Menschen anvertraut, sondern bei einem ganzen moralischen Körper, so zu sagen, hinterlegt wird, der sodann dem Übel überlebt, sich selbst erzeugt, verstärkt, seinen Abgang ergänzt, sich beständig wie ein Phönix verjüngt. Hier allein sind gute Grundsätze, ewig und unzerstörbar aufbewahrt, diese allein ersetzen den Mangel des menschlichen Alters und sind unsterbliche Gegner eines unsterblichen Feindes. –

Laß aber nun dafür den ersten Monarchen erscheinen; laß uns große seltene Bedingungen voraussetzen; er soll Einsicht, Willen, Muth und Beharrlichkeit, er soll alles in sich vereinigen: und doch muß er entweder die Sache übereilen, oder die weitere Ausführung seinem Nachfolger überlassen. Im ersten Fall wird er Heuchler machen, wenn er Gewalt braucht; er wird einige zu sehr hervorragende Äste behauen, aber der schädliche Hauptstamm wird noch aufrecht stehn, neue Zweige treiben und allen seinen Bemühungen trotz bieten. Er hat die Urheber des Übels feiner und klüger, den Gang und das Fortschreiten des Übels selbst nur unmerklicher und eben darum gefährlicher gemacht. Wenn nun vollends ein neuer Nachfolger erscheint, ist es zu hoffen, daß sich dieser entschliessen werde, da anzufangen, wo der Vorfahrer geendiget hat? Wird solcher nicht vielmehr, um seinen Namen nicht minder zu verewigen, die Grundsätze der vorigen Regierung verändern, eine neue eigene Laufbahn eröffnen, gegen die edlen getreuen Räthe seines Vorfahrers gleiches Vertrauen äussern, gleiche Einsicht, Willen, Muth und Entschlossenheit zeigen? Wird er eben so wenig Arbeit, Verdruß und Hindernisse scheuen, mit gleicher Überlegung, Hitze oder Kälte zu Werk gehen? Wird er nicht andere, mehrere oder weniger Schwächen haben, durch welche der Feind eindringt und sich seiner bemeistert? Wird er eben diese Schwächen eben so sorgfältig, so künstlich zu verbergen wissen? Wenn die Fortsetzung eines einmal glücklich angefangenen Plans bei Wahlreichen, bei Minorennitäten, bei jedem Aussterben der regierenden Linie und Hauses noch ungleich mehr erschwert wird; wenn auch die besten durch ihre Vorgänger gänzlich nach ihrem Zweck gebildete Fürsten und Nachfolger nicht in ihrem ganzen Leben am Ende so, wie im Anfang sich durchaus gleich sind, sich stets auf andere verlassen und durch fremde Augen sehen müssen, nicht allzeit uneigennützige, einsichtsvolle, zweckmäßige Rathgeber wählen; wenn diese der Gemächlichkeit, dem Nepotismus, der Venalität, der Herrschsucht zu sehr nachhängen, unter sich selbst uneinig sind, und um ihre Macht und ihren Anhang zu verstärken bloß ihre Creaturen und Clienten befördern, sich aus Ehrgeiz nicht entschliessen können, nach fremden Grundsätzen zu arbeiten, nicht Seelengröße genug haben, ihren Ruhm und ihre Einsichten aufzuopfern; wenn auch diese abermal durch fremde Augen schauen, oft eben so unglücklich in der Auswahl ihrer Gehülfen sind, sich zu sehr durch unmittelbare glänzende Vortheile verführen lassen, der Mißgunst und der Verleumdung zu sehr ausgesetzt sind, daher furchtsamer zu Werk gehen oder ihrem unvermeidlichen Sturz entgegen sehen, sich daher immer nach der abwechselnden Laune der Fürsten richten; wenn man nun dieses alles vorhersieht, bedenkt: soll es sodann nicht eine erwiesene Sache seyn, daß die bürgerliche Regierung in welcher so oft Leute ohne Sitten, Treue und Glauben, die obersten Stellen bekleiden, wo die Geburt allein schon zu den ersten Ämtern berechtigt, wo Strafen und Belohnungen ihre Bedeutung verlieren, wo das böse Beispiel so allgemein und anziehend ist, jeder nur für sich sorgt, Gesetze nur zur Unterdrückung des Schwächeren sind, gegen Höhere gar nicht oder nicht mit dem gehörigen Nachdruck ausgeführet werden, wo die Erziehung vernachlässiget und Befreyungen ohne Ende, Unterschied und Namen ertheilet werden, wo die Wahrheit beleidiget und zum Untergang führet und Schmeichlern nur allein geglaubet wird, wo zur Noth alle Staatssorge auf Sicherheit von aussen, gegründet ist: sollte es bei solchen Umständen, bei einer solchen Verfassung nicht eine offenbar erwiesene Tatsache seyn, daß die bürgerliche Regierung allein auch mit dem besten Willen, mit der stärksten Anstrengung ihrer Kräfte so alten allgemeinen eingewurzelten Übeln auf eine Art gewachsen sey; daß es sich aber mit einer geheimen Verbindung anders verhalte, die eben darum allen Hindernissen und Angriffen kräftiger widerstehen wird, weil der Gang ihrer Arbeiten versteckt, ihre Mitarbeiter verborgen, ihre Vorsteher unbekannt, und eben dadurch gegen Tadel, Verleumdung, Neid, Sturz und Verfolgung gesichert sind, bei welchen kein Grundsatz stirbt oder verloren geht, wo die spätern Zöglinge auf die Erfahrungen ihrer Vorgänger bauen, fortarbeiten, dort anfangen, wo es diese ließen, wo die Stelle des abgehenden durch ein eben so kluges und mit seinen Grundsätzen eben so harmonierendes zu diesem Ende sorgfältig und Jahre lang gebildetes Mitglied ersetzt wird, welche gegen allen Sturz und Corruption gesichert sind, denen es zum Bedürfniß geworden ist, so und nicht anders zu denken, so und nicht anders zu handeln?

Es gibt also in jeder Regierung der Welt gewisse allgemeine Gebrechen, die der kluge, und rechtschaffene Manne jedes Landes und Zeitalters gern vermindern möchte. Wenn wir sehen, daß in dieser Welt jeder Mensch glücklich sein könnte, daß aber diese Glückseeligkeit durch Irrthum, Unwissenheit und Leidenschaften, durch die Bosheit der Verirrten so häufig gestört wird; wenn wir sehen, daß die Bösen so mächtig sind, ja mächtiger als die Guten; daß der Reiz zum Laster zu stark, durch öffentliche Anstalten zu wenig dagegen gethan worden; daß der ehrliche Mann kaum ungestraft ehrlich sein kann, den Verleumdungen, Unglück, Verfolgungen am stärksten ausgesetzet ist, weil er allein ist: so entstehet sehr natürlich der Wunsch, es möchten doch einmal die edleren, würdigeren Menschen in ein dauerhaftes Bündnis zusammen treten, um mit allen großen Menschen, die dermalen sind und einen gleichen Drang fühlen, mit allen die dereinst sein werden, nur ein Volk, eine Familie zu formieren, für alle Lande und Jahrhunderte zu leben, ihren wohlthätigsten Geist und Eifer auf die Nachwelt zu verpflanzen, und ein reiferes, sittlicheres Menschengeschlecht vorzubereiten; in ein Bündnis, das nie wieder getrennt oder entweihet werden sollte, um den Bösen fürchterlich zu werden, allen Guten ohne Unterschied aufzuhelfen, sich selbst Ruhe, Zufriedenheit und Sicherheit zu verschaffen, durch die kräftigsten dabei einfachsten Mittel das Laster zu vermindern, durch Mittel, die zugleich Tugend, und Wohlwollen befördern; und die bisher nur zu unkräftigen Reize zur Rechtschaffenheit sinnlicher, mächtiger, und anziehender machen; durch Mittel, die auf höhere Kenntnis der menschlichen Natur gegründet wären.

Auf diese Art hat Gott selbst den Trieb nach geheimen Verbindungen in die edlern und schönern Seelen der Menschen gelegt, um den übrigen zurückgebliebenen Theil zur Vollkommenheit, zur Glückseeligkeit zu führen. Aber dieser Trieb hat sich erst später durch eine reifer gewordene Vernunft, durch das Mangelhafte unserer Regierungen, durch die in ihnen erweckten neuen Bedürfnisse immer deutlicher entwickelt; hat unvollkommene Versuche hervorgebracht, hat zum Theil selbst neues Übel über die Erde verbreitet, bis Menschen durch häufige mißlungene Versuche die dazu nöthigen Einsichten und Erfahrungen gesammelt, selbst durch ihre Fehler klüger gemacht, den Grund zu einem Gebäude legen werden, das der Hinfälligkeit trotzt und die Fülle ihrer Wünsche enthalten wird. Es lag schon in dem Wesen des natürlichen Zustandes, solche Bedürfnisse zu fühlen, die nur in einer anderen besseren Lage zu befriedigen waren. Diese Bedürfnisse mußten Menschen dort einsehen, um sie aus dieser Lage zu reissen, sie in der bürgerlichen Gesellschaft zu vereinigen, und sie dadurch zu ihrer Vollkommenheit eine Stufe näher zu bringen, den Gang des menschlichen Geistes ins bessere zu entwickeln. Aber auch hier in dieser verfeinerten Lage zeigten sich dem unersättlichen Neuerungs- und Verfeinerungsgeist der Menschen nach langer Erfahrung, nach genauerer Bekanntschaft neue Mängel, neue Bedürfnisse, neue Aussichten. Diese neuen Aussichten sind neuer Ruf zum Weiterwürken für den Mann, der indessen reifer geworden, dem die Kinderschuhe nicht weiter passen. Sie sind Aufforderungen der Vorsicht zu neueren, engeren, zweckmäßigeren Verbindungen; zu einer größern Verfeinerung der Regierungs- und Staatskunst. Diese neue Verbindung soll die würklich vorhandenen Formen, die noch für den grössten Theil der Menschen sehr angemessen sind, auf keine Art aufheben, oder entkräften.

Im ursprünglichen Zustande mußten Menschen empfinden, erfahren, wie schwach sie einzeln, wie stark sie in Vereinigung wären. Eine weitere Erfahrung mußte in Staaten vereinigte Menschen belehren, wie viel ihnen noch mangle, um diese neuen erst hier hervorgebrachten Bedürfnisse zu befriedigen. Diese bürgerlichen Gesellschaften, so wie sie dermalen beschaffen sind, sind nur der Weg, der Versuch zum Besserseyn, nicht das Besserseyn selbst. Und so wie jeder unvollkommene Versuch zu neuen Verbesserungen, zu bessern, klügern Einrichtungen Anlaß gibt, so wie man in der bürgerlichen Gesellschaft alle Veränderungen zu diesem Ende versucht, alle nur mögliche Einschränkungen und Formen vergeblich durchgelaufen, und doch noch immer so viel Mangelhaftes gefunden hat: so mußte man am Ende die Notwendigkeit sich neuerdings zu verbinden einsehen, um die Triebfedern der Regierungskunst, mehr zu veredeln und zu vervollkommnen, um in dem Fortrücken auf der großen Leiter der menschlichen Vollkommenheit nicht still zu halten und auf der nämlichen Stelle zu verweilen. Man mußte sehen daß der Mensch den Bürger unendlich übertreffe. Daß diese seine erste und ursprüngliche Beschaffenheit sey; daß die Menschen sich in die bürgerliche Gesellschaft vereinigt, um mehr Mensch, um vollkommnere Menschen zu werden. Man mußte nicht minder einsehen und erfahren, daß diese Vereinigung in Staaten ein eigenes neues Trennungsmittel geworden, daß durch die Abtheilung der Nationen und durch die Verschiedenheit der Stände, neue Spaltungen und neue Quellen des Hasses und der Zwietracht gegründet worden; daß sich Menschen darüber fremder geworden, daß also ein neues Bindungsmittel nothwendig sey, eine neue Anstalt, durch welche sich die getrennten fremdgewordenen Theile neuerdings einander nähern, wodurch Menschen erinnert werden, daß sie alle eine und dieselbige Natur haben, daß sie alle eines Ursprungs sind, daß sie geschaffen sind, sich einander zu nähern und zu lieben, daß der Bürger den Menschen auf keine Art aufhebt. Sie mußten finden, daß eine Anstalt nöthig sey, in welcher sie sich aus ihrer Zerstreuung sammeln, sich wieder als Menschen finden und als solche lieben.

Nach diesen Voraussetzungen sind also edlere geheime Verbindungen (denn von geheimen Possenspielen und Betrug ist hier gar keine Rede) ein Werkzeug, das menschliche Geschlecht zu veredlen. Ihre Arbeit ist, durch so mancherley Interesse und Vorurtheile getrennte Menschen zu sammeln; sie in einem höheren, würdigern, allgemeinen Zweck zu vereinigen; die ungeheure Kluft auszufüllen, welche durch die Vereinigung der Menschen in größere Gesellschaften, so wie durch die Verschiedenheit der Stände entstanden ist; die aus dieser Trennung und Verschiedenheit entspringenden Quellen der Spaltung und des wechselseitigen Hasses zu vermindern; große, uneigennützige, zu jedem Guten empfängliche Menschen zu bilden; Zwerge und Kleingeist zu vermindern; den Keim der Tugend zu bewahren; das erloschene Interesse, gut zu seyn, unter Menschen anzufachen; in ihrem Schoße Irrende zu recht zu weisen; den Schwachen zu erleuchten; jedem den seinen Kräften angemessenen Würkungskreis anzuweisen; der Welt und dem Menschengeschlecht unmerklich denjenigen Grad von Kultur zu geben, der das männliche Alter der Welt ausmachen soll; höhere Sittlichkeit zu verbreiten; auf die Denkungsart ihrer Zeitgenossen sowohl, als der entfernten Nachwelt zu würken und Grundsätze zu bestreiten, zu untergraben, zu vertilgen, die der Ruhe und Glückseeligkeit der Menschen nachtheilig geworden.

Aber wo ist diese vortreffliche Gesellschaft, wo ist der Orden, der dabei so wenig den häuslichen, und anderen Verhältnissen seiner Mitglieder zu nahe tritt, keine betrüglichen Leidenschaften und Wünsche erweckt und nährt, der nur an Belehrung, und sittlicher Besserung des Menschen arbeitet, und dazu sicher führende Anstalten aufzuweisen hat, in welchen der Lauf der Zeiten und politische Verhältnisse keine inneren wesentlichen Veränderungen hervorbringen; der Mensch bloß nach innerer Güte beurtheilet wird, wo Verstellung unwürksam ist und der künstlichste Heuchler in seiner Blösse da steht; wo alle Kunstgriffe des Bösen fruchtlos gemacht werden; wo jede Tugend, jede kleinste moralische Handlung ihre sichere unausbleibliche Belohnung erhält; wo man bloß nach höheren Gesichtspunkten arbeitet, gegen alles niedrige Interesse fühllos gemacht, und nur in das Große und Allgemeine zu würken gelehrt wird; wo die Seele gegen jeden großen Entwurf in edlem glühenden Enthusiasmus gesetzt wird? Wo ist die Gesellschaft, die das bisher noch nie aufgelöste Problem entwickelt, Menschen erst zum Guten zu leiten, ihre Geisteskraft zu erhöhen, Ihr Wohlwollen zu vermehren, und dann alles Große und Edle auszuführen, was den meisten bisher Traum, was nur den Aufgeklärtesten möglich schien, der Tugend die Herrschaft über das Laster zu verschaffen? Wo ist die Gesellschaft, welche die fähigsten Köpfe jeder Classe versammlet, sie aufmuntert, ihrem erstorbenen Muth neues Leben gibt, Interesse zeigt zu arbeiten, sich hervorzuthun, groß zu werden, die jeden Denker aus dem Staube hervorzieht und ihn auf den Leuchter stellet, welche die Wege der Erkenntnis und Sittlichkeit mit dem Zuwachs ihrer Mitglieder vervielfältiget, welche auf diese Art die größten Geister aller Zeiten und Nationen in ein einiges Band vereinigt; wo jeder dem andern in die Hand arbeitet; wo sogar der Schwächste Lehrer des grössten, wo die Einsicht des einen die Einsicht aller wird; wo der Unwissende dort schon anfangen kann, wo der Vielwissende aufgehört hat; wo keine Kenntnis verlohren geht, sondern von Menschen zu Menschen unter den Auserwählten fortgepflanzt wird? Wo finden wir diese Quelle aller Erkenntnis, aller alten und neuern Weisheit, diesen Aufenthalt des Friedens, diese Zuflucht der Unglücklichen, diese Freystädte gegen Verfolgung? – Wie, wenn nun unsre Gesellschaft eine Verbindung von dieser Art wäre? Verdiente sie wohl deinen Beytritt, deine möglichste Anstrengung thätiger Kraft? Hier wird dein Beytritt Pflicht, verweigertes Mitwürken und Übertrettung ihrer Gesetze werden beinahe Verbrechen gegen Gott und Menschen, gegen die Ordnung der Natur. Der Gedanke allein kann dich noch entschuldigen, eine solche Gesellschaft mit einem solchen Zweck möchte nur ein schöner Gedanke, aber zugleich eine Unmöglichkeit seyn. – Aber soll es ein Traum seyn, daß ich an Vollkommenheit, an moralischer Güte wachsen und zunehmen könne, daß ein anderer dies auch könne? Soll es möglich seyn, daß ich diesen Geist, diesen Trieb nach innerer Vollkommenheit in anderen eben so lebhaft erwecke, daß diese sich aneinander schließen, ihre Anzahl langsam aber sicher vermehren, andere nach hohen großen Grundsätzen und Gesichtspunkten bilden, und folglich das Übel an der Wurzel angreifen? Dies soll eine Unmöglichkeit seyn? Oder was wird sonst noch weiter erfordert; was ausser der Herrschaft über sich selbst, ausser der Liebe zu einem größeren Gut, zu einem höheren Zweck? Was ist hier unmögliches? Wenn meine natürlichen mir aufgelegten Pflichten, die genaueste Befolgung derselben, die besten kräftigsten Mittel sind, um zu diesem Zweck zu gelangen, so muß also die Erfüllung dieser Pflichten unmöglich seyn? Halte dich nur genau an die Vorschriften der Gesellschaft, entferne dich davon so wenig als möglich und alle Bedenklichkeiten werden verschwinden. Freilich wenn jeder sich schon vollendet glaubt, der Hand an das Werk legt und den Erfolg übereilen will; wenn man in dem irrigen Wahn steht, als ob nur vollendete ganz vollkommene Menschen dazu erfordert würden; wenn dieser Same ohne alle Auswahl in Menschen soll gestreuet werden, die für solchen keine Empfänglichkeit haben, wo er nie gedeihen und Wurzel fassen kann; wenn man nur flüchtig über die Oberfläche gleitet, nicht in das Innerste der Seele dringt; wenn dem Führer alles lieber als sein Zweck ist, die Grundsätze des Ordens nicht in seine Seele übergehen, Leidenschaften und Trägheit mit ins Spiel kommen; wenn die Häupter keine Beispiele und Muster sind, viel fordern und selbst wenig leisten, wenn ihr Vortrag und Unterricht von keiner Überzeugung Beweise gibt; wenn die Zöglinge vernachlässiget werden: dann ist freilich bei solchen Führern manches bloßer Traum, was bei weisern und sorgfältigern Menschen zur Würklichkeit kommt. Wer den Orden als Vehiculum betrachtet in Menschen zu würken, ausser sich gute Grundsätze mit mehr Nachdruck zu verbreiten, der wird an der äussern Schale nicht hangen, dem wird jede Form gleichgültig seyn, der wird jeden guten Gedanken, jeden Entschluß, den er bei andern erweckt, als Folge dieses Systems, als Vorschrift des Ordens betrachten. – Aber wozu sodann eine Verbindung, wenn dies jeder Einzelne vermag? – Vereinigung verstärkt die Kräfte und ihre Würkungen. Vereinigung gibt Sicherheit und Ermunterung; Vereinigung erleichtert die Würkung und die Mittel zur Erkenntnis; eine solche Vereinigung nähert Menschen einander, die sich ausserdem nie gekannt hätten und verhindert das Einseitige in Begriffen. Eine solche Vereinigung gibt Menschen einen Würkungskreis, eine Gelegenheit ihre Talente zu äussern, die sie sonst nie erhalten hätten; in einer solchen Vereinigung ist die Erkenntnis und Kraft aller die Kraft und Erkenntnis jedes einzelnen. Vereinigung macht Muth und Vertrauen, erzeugt unerschrockene Bekenner der Wahrheit und Tugend, vermindert die Gefahr tugendhaft zu seyn, Beispiel zu werden. Und gute Beispiele und Muster sind nothwendig, um dem, was sonst nur abstrakter Begriff ist, Körper, Leben, Handlung und Interesse zu geben.

5) Diesen Zweck wollen in einer geheimen Verbindung mehrere; es ist also, als ob nur ein einziger Wille wäre. Die Kräfte aller strengen sich an, diesen Zweck zu erreichen; es ist also, als ob nur eine einzige Kraft wäre. Je mehr sich eine Gesellschaft dieser moralischen Einheit nähert, desto vollkommner ist die Gesellschaft, desto besser stellt sie eine einzige physische Person vor. Je weiter sie sich davon entfernt, je sichtbarer die Mehrheit ist, um so weniger stellt sie ein Ganzes, eine moralische Person vor. In einer vollkommenen geheimen Verbindung müssen nebst der Vollkommenheit des Zwecks unter den vielen einerley Grundsätze, einerley Gesinnungen, einerley Äusserungen, eine durchaus gleiche Stimmung sichtbar seyn, alles muß entfernt werden, was diese so ähnliche Geistesstimmung schwächen, und vermindern kann. Diese Stimmung ist der Grundstein des ganzen Gebäudes. Durch sie ist alles, ohne sie gar nichts möglich. Alle Anstalten, alle Gesetze, alle Wachsamkeit der Obern muß dahin gerichtet seyn, sie in den möglich stärksten Grad hervorzubringen. Die, welche diesen so mühsamen Geschäften

gewachsen sind, sind auch die wahren eigenen Obern des Ordens; durch sie fährt der belebende Hauch in alle Glieder dieses moralischen Körpers, der Geist, der ihn beseelt.

<«○»>

Auszug aus:
Weishaupt, Adam: *Das verbesserte System der Illuminaten mit allen seinen Graden und Einrichtungen.* Frankfurt und Leipzig 1788. S. 320 f.

Welche Gelegenheit sich zu bilden? Welches reiche Feld, um zu beobachten, zu lehren, indem man lernt, zu lernen indem man lehrt! Bücher welche hier zweckmäßig gelesen werden, sind:

1. Alle Geschichtschreiber besonders Tacitus.
2. La Chambre, *Les Caractères des passions.*
3. Bellegarde, *L'art de connoitre les hommes.*
4. Esprit, *La Fausseté des vertus humaines.*
5. Rochefaucauld, *Maximes.*
6. Gracian, *L'Homme de Cour.*
7. La Bruyere, Les Caractères de Theophraste.
8. Seneca *De ira; De beneficiis.*
9. La Lanque.
10. Die Preisschriften über die Neigungen.
11. Kaempf, *Kurze Abhandlung Von den Temperamenten* u. a. m.

Alle diese Schriften müssen nur als Gelegenheiten und Aufforderungen zu eignem Nachdenken, Prüfung und Berichtigung durch eigene Erfahrung und Beobachtung gebraucht werden. Wer auf Menschen würken, ihre Neigungen ändern will, der will machen, daß Gegenstände aufhören begehrungswerth zu seyn, die es vordem waren, der will machen, daß Gegenstände begehrt werden, die vordem verabscheut wurden.

<«○»>

Auszug aus:
Weishaupt, Adam: *Das verbesserte System der Illuminaten mit allen seinen Graden und Einrichtungen.* Frankfurt und Leipzig 1788. S. 413–416.)

Niemand konnte angeben, wo diese Gesellschaft sich aufhalte. Selbst Cartesius konnte auf seinen Reisen alles Bestrebens ungeachtet nichts davon erfahren. Als durch diese Ankündigung die Köpfe der Menschen hinlänglich verruckt waren, hörten auf einmal alle weiteren Nachrichten davon auf, und es entwickelte sich später so ziemlich wahrscheinlich, daß nie eine solche Gesellschaft gewesen, daß solches nur eine Erfindung und Scherz einiger klugen Köpfe gewesen, besonders des Valentin Andreä, um die Theosophen und Alchymisten seiner Zeit lächerlich zu machen, und ins freye offene Feld zu locken, zu sehen, und zu erfahren, wer die Partey dieser Sache nehme, wer sie bestreiten werde; anbei die Mängel und Gebrechen der damaligen Gelehrsamkeit auf eine feine und sichere Art anzuzeigen, und nach und nach zu verbessern, wie in Arnolds Ketzergeschichte mit guten Gründen unter dem Artikul Rosenkreutzer dargethan wird.

Dieses gute Vorhaben brachte aber vielmehr die entgegengesetzte Würkung hervor. Die Alchymisten und Theosophen nutzten diesen Wink, warfen und versteckten sich und ihre Träume unter diesen Gedanken und Hülle, trieben auf diese Art nun insgeheim ihr vorher offenes Handwerk, und behaupteten in vollem Ernst die Existenz einer Gesellschaft, die vorher nur in Gedanken würklich war und erst durch sie ihre Würklichkeit erhalten. Von dieser Zeit an erschienen auch ausserdem von Theosophen mancherley Secten, welche die Chemie, Alchemie mit dem Glauben an Weissagungen, und der Theosophie verbunden. Selbst die cartesianische Philosophie und die Lehren eines Malebranche lassen sich mit theosophischen Ideen sehr leicht in Verbindung bringen. In unseren Tagen ist der theosophische Aberglauben durch geglaubte Wundermänner, einen Schwedenborg, Schröpfer, S. Germain, Cagliostro, durch die über den Ursprung, Abstammung und Geheimnisse der Freymauerey gewagten Zweifel, Muthmaßungen und Untersuchungen, nebst anderen mitwürkenden Ursachen mehr als jemahlen erwacht, und der Leichtglauben des Pöbels und unphilosophischer Köpfe, so wie die feurige oder melancholische Denkungsart und Phantasie einiger stiller Schwärmer auf einen ausserordentlichen Grad getrieben, und gespannt worden.

Ehrgeizige oder auch überredete Geisterseher und Alchymisten fangen neuerdings an, die menschliche Vernunft zu verschreyen, haben diese in den Köpfen der Menschen entstandene Gährung, und die in dem Moment sich allgemein offenbarende Schwäche der Freymaurerey benutzt, alle lau gewordenen, leicht und abergläubischen Mauerer unter neuen Aussichten und Versprechungen an sich gerissen sich mit ähnlichen Beförderern des Aberglaubens verbunden, und sich zum zweytenmahl unter die Hülle der Rosenkreuzerey gesteckt, um ihren Thorheiten bei schwachglaubigen Menschen den Anstrich des Alterthums zu geben. Man ist sogar auf den Einfall gerathen, die wahre Weisheit bei Völkern zu suchen, die in der tiefsten Barbarey liegen. Palestina, Syrien, Ägypten und überhaupt das Morgenland soll noch die echten Keime davon aufbewahret haben. Müßige Ritterorden wie z. B. jener der Tempelherren sollen diese morgenländische Weisheit, die gnostischen, und alexandrinischen Thorheiten mit sich durch die Kreuzzüge nach Europa gebracht haben.

Jeder Betrüger gibt vor, in Cypern oder irgendeinem Winkel von Kleinasien durch fleissiges Forschen diese Nachrichten und Kenntnisse erhalten zu haben, mit welchen er leichtgläubige Menschen bethört, die alles für gut, für Weisheit halten und für um so grössere Weisheit halten, je ferner der Ort ist, aus welchem sie abstammen soll. Bis endlich noch vollends durch das berüchtigte Buch *Des Erreurs et de la Vérité* und andere häufig erscheinende theosophisch mystische Werke, das Gehirn unsrer Zeitgenossen gänzlich, und so sehr verbrannt worden ist, daß dieses Übel täglich mehr um sich greift, und allem Anschein nach die Periode unseres wissenschaftlichen Glanzes auf lange Zeit vorüber ist, um sodann in eine den scholastischen Zeiten nicht unähnliche, oder vielleicht noch gefährlichere und seelenverderbendere Barbarey zu verfallen.

Und diese ist nun die kurze, aber sehr wahrhafte Geschichte unserer heutigen so hoch gepriesenen, so eifrig gesuchten geheimen Weisheit: dieser ihr Ursprung.

<««○»»>

Auszug aus:
Von dem gefährlichsten Plane der Illuminaten und von den wechselseitigen Pflichten der christlichen Fürsten und Unterthanen nach dem Grundriße der christlichen H. Religion. Donauwerd 1796. S. 3–12.)

Gott. Religion. Fürsten

Diese an sich gut scheinende Aufschrift sollen die Illuminaten, wie man sagt, beym Eintritte ihrer Logen haben, wo sie nämlich ihre Zusammenkünfte zu halten pflegen. Da wo sie die Larve abzulegen noch nicht für gut finden, sollen sie mit frömmelnder Miene sagen: Diese Aufschrift solle alle Eintretende erinnern, daß sie die Füsten als die Vorsteher und Grundsäule des Staates stets verehren, der H. Religionen mit Ehrfurcht ergeben, und Gott in allen ihren Handlungen immer vor Augen haben sollen. –

Allein diese Worte sollen nach der eigentlichen Deutung der Illuminaten einen ganz andern Sinn haben, nämlich diesen: Die Absicht dieser Versammlung soll seyn, die Fürsten zu stürzen, die Religion zu vernichten, und Gottes Daseyn zu laugnen, wenn sie je glücklich auf der Welt leben wollen. –

Ist es aber dem wirklich also, oder nur eine leere Muthmaßung? Ich will mir jetzt eben nicht viele Mühe geben, diese Frage bey der so tief als geheimnisvollen Verschwiegenheit der Illuminaten genau zu untersuchen. – Genug, daß wir bey jetzigen Zeiten so ziemlich deutliche Spuren von derley bösen Absichten mit ganz offenen Augen sehen müssen: Genug, daß so viele geheime Zusammenkünfte geschehen, deren Absichten so verborgen sie vorher gewesen, und über verschiedene geheime Punkte gewiß noch sind, jetzt ganz ohne Zurückhaltung dahin gehen, die Fürsten alle zu stürzen, die Kirchenverfassung so zu modeln, damit sie ganz vernichtet werden kann; und daß man sogar öffentlich gottesleugnerische Reden ganz ruhig angehöret hat.

Bey solcher Beschaffenheit der. Sachen hat man nicht gegründete Besorgnisse, diese Leute möchten doch endlich dieses gottlose System auszuführen gesonnen seyn? Kann man es also einem wahren Verehrer der christlichen H. Religion übel deuten, wenn er aus Liebe gegen seine Nebenmenschen diese vor Gefahr der Verführung zu warnen sucht? Wenn er sowohl die Fürsten als die Unterthanen, alle Christen auffordert, daß sie mit vereinigten Kräften solche gefährlichen Grundsätze und solche geheime Gesellschaften aus ihren Staaten zu verbannen, bestmöglich sich beeifern sollen? –

Ich hoffe diese meine gute Absichten dadurch zu erreichen, wenn ich zuerst den seyn sollenden Plan der Illuminaten etwas genauer durchgehe, und ihre heimlichen Schritte, die nur nach und nach geschehen sollen, aufdecke. –

Und da eben die Illuminaten sich alle Mühe geben die christlichen Unterthanen von ihren Fürsten zu trennen, so will ich dagegen für den Verein der christlichen Fürsten und der christlichen Unterthanen das Wort führen. Ich hoffe es dadurch zu bewirken, wenn ich die wesentlichen wechselweisen Pflichten der christl. Fürsten und christl. Unterthanen selbst nach dem Grundrisse der christlichen H. Religion anzeige, und zu genauer Erfüllung derselben beide Theile mit gleicher ungeheuchelter Wahrheitsliebe zu ermuntern suche. Erfüllen sie beide diese ihre Pflichten genau und pünktlich; dann Heil dem Staate, Heil der H. Religion! – zur Sache also im Namen Gottes.

§.1 Der Illuminaten Plan
Gott. Religion. Fürsten.

D iese Worte sollen also soviel heissen: Zur Glückseligkeit der Mitglieder dieser Versammlung gehört nothwendig, daß man alle Fürsten stürze, die Religion vernichte, und Gottes Daseyn laugne. Freilich soll diese Bedeutung nicht gleich jedem eröffnet werden, der in diese Gesellschaft eintritt; sondern nur jenen, welche, um das Prädikat großer Philosophen zu erhalten, sich von den Anführern der Gesellschaft blenden und fesseln lassen, und als geprüfte, der Gesellschaft würdige Mitglieder in die geheime Klasse der Sozietät aufgenommen sind; nur diesen soll die Eröffnung und zwar nur nach und nach, nur stufenweis gemacht werden.

Die Fürsten zu stürzen

stellt man sie als eine Pest des Staates auf das gehässigste vor: So lang diese nicht gestürzt sind, würden sie, die Illuminaten, mit ihrer philosophischen Weisheit nie auf der Welt glänzen können. Man preiset an auf das entzückendste die Rechte der Menschheit und der Gleichheit. Das Volk, die Unterthanen, welche als Werkzeuge zu ihren Absichten dienen sollen, müssen durch Blendwerke, Vorspieglungen der Freyheit, und einiger eingebildeten Vortheile zur Aufruhr gereizt werden. Man räumt also den Unterthanen, dem gemeinen Volke, dessen wesentliche Pflicht ist zu gehorsamen, die Souverainität, die oberste gesetzgebende Macht ein; man stellt die Beamten des Staates als solche ihre Bediensteten vor, die von den Unterthanen nach Gutbefinden abgesetzt werden könnten, wenn nur der größere Haufe damit einstimmt: dadurch hoffen diese Wohlweise vom Volke zur Erkenntlichkeit als Staatsbeamte aufgestellt zu werden; wo sie dann glauben, es würde ihnen eben nicht viele Mühe mehr kosten, das arme Volk, dem die wahre Einsicht des Regierungsfaches immer mangeln wird, desto ungestörter am Narrenseile herum führen zu können.

Aber dieses Projekt wird solange nicht ausgeführt werden können, so lang das Volk, die Unterthanen der christl. H. Religion noch anhangen, welche den Unterthanen als eine wesentliche Pflicht auflegt, ihren Fürsten zu gehorsamen, und nicht zu befehlen. – Die christliche H. Religion muß also aus dem Herzen der Unterthanen ganz unvermerkt getilgt werden: deswegen müssen die Illuminaten nach ihren Grundsätzen auch nothwendig schreiten,

die christliche H. Religion zu vernichten.

Aber dazu braucht man viele Schlauheit und eine große künstliche Verstellung. – Man muß sich zuerst durch Ausübung einiger Tugenden wenigst dem Scheine nach, wenn es schon Mühe kostet, vor den Augen des Volkes als einen Eiferer für die reine Wahrheit zeigen, damit man das Zutrauen des Volks erlange. Man eifert wider Missbräuche bey jenen Andachtsübungen, die von der Kirche nicht gut geheißen sind. So gut und lobenswürdig solcher Eifer an sich ist, so muß er doch den Illuminaten nur zum Vorwande dienen, um sich unter dem Scheine der Frömmigkeit den Weg zum Vorrucken zu bahnen.

Denn der Illuminat findet nun auch an jenen Religionsübungen, die von den Vorstehern der Kirche gutgeheißen sind, hin und wieder was zu ahnden. Obschon zwar diese keine Hauptsachen der H. Religion ausmachen, und nach Umständen der Zeiten durch die gehörige Macht, von den Vorstehern der Kirche wieder geändert werden können, so will doch der Illuminat mit diesen nichts zu thun haben: Auch nichts mit den Schriften der H. H. Väter; denn diese sind nach seiner Kritik Leute, die an Einsicht und Kenntnissen reiner Philosophie zu großen Mangel hatten: dafür rathet er jene obschon verbothene Schriften der neuen Philosophen und Glaubensgegner, welche von Sitten und Glaubenslehren handeln, auch ohne erhaltene Erlaubnis zu lesen. Vortheil genug für ihn, wenn seine Anhänger durch ein unvorsichtiges gieriges Lesen derselben das verborgene Gift unvermerkt einsaugen, und einen Glaubenszweifel nach dem andern bekommen, wenn seine Nachbether in derley Schriften nur Stoffe und Reize zur Empfindeley finden, dadurch sie nach und nach alle Neigung und Geschmack verlieren, je ein solides Buch der H. Religion anzusehen. – Auch soll der Illuminat ein vorzügliches Augenmerk auf junge studierende Leute richten. – So gut es ist, daß junge Leute nach wahrer Weisheit trachten, und was zu lernen sich beeifern, wenn sie nur vom Wege der Demuth nicht abweichen. So trachtet dagegen der Illuminat diesen einigen Stolz und Hochmuth einzuflößen; damit sie sich weiser und einsichtsvoller als die Alten glauben, und kühn genug werden sollten, die Einrichtungen und Verordnungen der Alten mit Verachtung zu kritisieren und zu verwerfen, indem sie alles besser wüssten; das soll nämlich ungemein zu den Absichten der Illuminaten taugen.

Nun ruckt der Illuminat immer mehr mit der Sprache heraus. Auch jene Verordnungen der H. Kirche, die von allgemeinen Konzilien unter dem Beystand des H. Geistes gemacht worden sind, findet er fehlerhaft; Er, der sich weiser glaubt als die Vorsteher der Kirche, weiß was bessers, was nützlichers einzuführen.
Er wünscht eine allgemeine Revolution auch im kirchlichen Fache, wie in dem politischen. –

Man soll dem Volke auch die Souverainität in Kirchensachen einräumen, welches die Vorsteher der Kirche ein- und absetzen kann – so und wie es die verborgenen Triebfedern, die Illuminaten lenken wollen.

Die ganze Kirchenverfassung, die von jeher von allen Rechtglaubigen heilig geachtet worden, wird also ganz umgestoßen – und so muß auch nothwendig die Authentizität der H. Schrift fallen, welche auf dem Ansehen und der Unfehlbarkeit der Kirche als ihrer sichersten Grundsäule ruhet. –

So untergraben die Illuminaten nach und nach die ganze H. Religion: Ja, sie sind noch so unverschämt zu sagen, die Religion mache die Menschen nur bös. –

Allein, damit sie an solcher Ruchlosigkeit keine Gewissensbisse mehr empfinden möchten, wenn sie sich an das Daseyn Gottes – eines Strafers des Bösen – erinnerten, so muß auch Gottes Daseyn geleugnet werden. –

Die letzte Stufe, das Supplementum aller Ruchlosigkeit der Illuminaten soll endlich diese seyn:

Gottes Daseyn zu laugnen.

Freylich ein Punkt, der nicht sogleich soll geoffenbaret werden: nur dann soll dies mit Ernste empfohlen werden, wenn einer durch Ausübung mehrerer Sünden sich dieser Rotte recht zinsbar gemacht hat, und von dieser also ganz gefesselt ist, dann soll es heißen: Noch keiner hat Gott gesehen – die Gründe für Gottes Daseyn reichen nicht hin, um einen im Ernste nachdenkenden Philosophen ganz zu überzeugen. Warum soll ein nachdenkender Philosoph sich mit eitler Einbildung plagen, seine Lebensfreude stören und einen W… fürchten, der nicht existiert? Das ist nur Furcht für Kinder, oder für jene Große, die der Einsicht nach oft weniger als Kinder verstehen.

Man lasse also der Zügellosigkeit den ganzen Lauf; man genieße die Freuden der Welt, der Wollust so lang man kann und lebt, und wenn man nicht mehr kann, des Lebens satt ist; dann jagt man sich eine Kugel durch den Kopf, man raubt sich selbst das Leben, und die Qual, das Missvergnügen hat ein Ende, Patet exitus.

Kurz der Gottlose spricht nach Wunsche seines ganzen Herzens: Gottes Daseyn bedarf und wünsch ich nicht; also gibts keinen Gott. Dixit insipiens in corde suo, non est Deus. Psl. 13.

Welchem Redlichdenkenden schaudert nicht das ganze Herz, wenn er so gottlose Reden nur anhört? Freylich wird Gott der Allerhöchste sich seiner nicht lang spotten lassen; er wird diese Böswichte, diese Frevler zu seiner Zeit gewiss tilgen und zur Strafe ziehen. – Aber es ist auch Pflicht der Nächstenliebe für Christen, jetzt noch zu rechter Zeit seine Nebenmenschen auf diese drohenden Gefahren aufmerksam zu machen, damit sie von so einschmeichelnden Grundsätzen nicht gleich anfangs sich blindlings hinreißen lassen; damit sie diese gefährlichen Vögel aus ihrem Gesang schon kennen lernen, und besonders jene geheimen Gesellschaften behutsamst fliehen sollen, wo man wider die Verordnungen der geistlichen und weltlichen Vorgesetzten frey und ungestört losziehet. – Es sind dies nur Vorläufer, nur Vorbereitungen zu noch ärgerlichern Schritten, um den Weg zu aller Ruchlosigkeit zu öffnen.

O Fürsten der Erde, Väter des Vaterlands, christl. Regenten! und ihr Bürger des Staates, treue Bürger des deutschen Vaterlands, wahre Verehrer der christl. heil. Religion, christl. Unterthanen! videte ne quis vos decipiat per philosophiam & inanem faltaciam, ad Colos. 2.8., lasst euch doch nicht verführen durch eitles Geschwätz, und künstliche Ränke der Philosophen. Sehet, es ist die höchste Zeit, es ist jetzt dringende Nothwendigkeit, daß ihr nicht nur an derley gefährliche Gesellschaften euch niemal anschließet, sondern daß ihr dagegen mit vereinigten Kräften arbeiten, und die ruchlosen Anschläge der Gottlosen zu vernichten suchen müsst.

Das alles aber werdet ihr zu eurem größten Ruhm, und zur Wohlfahrt des Staates sicherst erreichen, wenn Ihr O! christl. Fürsten, und ihr christl. Unterthanen nur getreu und pünktlich erfüllt jene eure wesentlichen wechselweisen Pflichten, welche die christl. heil. Religion, und die Verfassung des Staates jedem anweiset. Und welche sind diese? Höret sie, ich rede ohne Heuchelei, ohne Bitterkeit.

Auszug aus:
Dinzelbacher, Peter: „Der historische Tempelorden". In: *Templer I. Statutenbuch des Ordens der Tempelherren aus einer altfranzösischen Handschrift herausgegeben und erläutert von* D. Friedrich Münter Sinzheim 2002, S. 11.

Der historische Tempelorden

An nichts kann der Gründer der Tempelherrn, ein adeliger Herr aus der Gegend von Troyes, weniger gedacht haben, als daran, eine Geheimgesellschaft ins Leben zu rufen, als er sich um 1120 mit einigen anderen Rittern zum Patriarchen von Jerusalem begab. Sein vor diesem erklärtes Ziel war es schlichtweg, Christus zu dienen in Armut, Keuschheit und Gehorsam, wie viele Angehörige geistlicher Orden. Das besondere an seinem Anliegen war, dass dieser Dienst vor allem mit der Waffe in der Hand vollzogen werden sollte: Hugo de Paganis (†1136), so der Name des Gründers, hatte den Schutz der zahlreich von Europa ins Heilige Land kommenden Pilger auf sein Banner geschrieben. Und das war auch nötig, denn die in der Folge des Ersten Kreuzzugs errichteten katholischen Reiche lagen in ständigem Kampf mit den umwohnenden Arabern, die auch jede nicht hinreichend geschützte Karawane unbewaffneter Pilger angriffen.

Die Idee gefiel, und da die kleine Bruderschaft französischer Ritter um Hugo weder über eine Kirche noch einen festen Wohnsitz verfügte, stellte ihnen König Balduin II. von Jerusalem Räumlichkeiten in seinem eigenen Palast an der Südseite eines Gebäudes zur Verfügung, das als Tempel Salomons galt und seit der Einnahme Jerusalems durch die islamischen Truppen El-Aksa-Moschee heißt. Nur in dem Zufall, dass damals in diesem Teil der königlichen Besitzungen passende Räumlichkeiten für die Gemeinschaft der „armen Ritter", wie sie sich selbst nannten, zur Verfügung standen, liegt der Name des Ordens begründet, und nicht in einem historischen Mysterium.

<«○»>

Auszug aus:
Dinzelbacher, Peter: „Der historische Tempelorden". In: *Templer I. Statutenbuch des Ordens der Tempelherren aus einer altfranzösischen Handschrift herausgegeben und erläutert von* D. Friedrich Münter Sinzheim 2002, S. 17.

Dass der Orden schon vor seiner Auflösung den Zeitgenossen als ein geheimnisumwitterter Bund erschienen wäre, ist nicht zu belegen. Sicher waren die Statuten nicht allgemein zugänglich, aber das waren sie auch nicht bei den sonstigen Ritterorden. Sicher gab es vereinzelt Gerüchte über Fälle von Homosexualität und unorthodoxe Praktiken, aber kein Papst vor Clemens hat sich diesbezüglich zu irgendwelchen Maßnahmen veranlasst gesehen, denn Verirrungen einzelner kamen in allen katholischen Orden vor, ohne je zu Verdächtigungen gegen die gesamte Gemeinschaft zu führen. Wenn Dichter des 13. Jahrhunderts wie Wolfram von Eschenbach und Albrecht (von Scharfenberg?) vom mythisch verklärten Bund der Gralsritter als Templeisen sprachen, dann orientierten sie sich wohl an dem Namen und der kriegerisch-religiösen Aufgabe der Tempelherrn. Aber ihre utopischen Gralsritter waren Gestalten der Fiktion und nicht Widerspiegelung der wesentlich prosaischeren Wirklichkeit. Schließlich wohnen im Parzival-Roman auch Frauen auf der Gralsburg und ist der König (er und Ritter, die als Herrscher in andere Länder auswandern) verehelicht – beides gegen jede Praxis des Ritterordens.

<«○»>

Auszug aus:
Münter, D. Friedrich: *Statutenbuch des Ordens der Tempelherren aus einer altfranzösischen Handschrift herausgegeben und erläutert* ... Berlin 1794, S. 1–3.)

Über die Regel und das Statuten-Buch des Tempel-Ordens

I.

Die Tempelherren hatten bey ihrem Entstehen keine eignen Vorschriften über ihre Lebensart und die Religionsübungen, die sie mit dem Ritterstande verbinden sollten: sie schlossen sich daher an die Chorherren des heil. Augustins an, die den Gottesdienst in der Patriarchal-Kirche von Jerusalem versahen, und beobachteten dieselbe Regel, welche jenen vorgeschrieben war. Die Ursachen dieser durch das Zeugniß mehrerer alter Schriftsteller bestätigten Thatsache lassen sich aus der ältesten Geschichte des Tempelordens leicht angeben: Die Canonici S. Augustini hatten nemlich, aus

Bewunderung der Frömmigkeit und Selbstverläugnung, welche die zur Vertheidigung der Pilger vereinigten Neuen Ritter überall blicken ließen, ihnen einen zum Königlichen Pallast gehörigen Platz eingeräumt, wo sie in der Folge ihre Klausur und Kirche erbaueten. So lange aber der damals noch schwache und unausgebildete Orden kein eigenes Bethaus hatte, warteten seine Mitglieder den Gottesdienst in der Hauptkirche Jerusalems, der Kirche des heiligen Grabes, ab. Es war daher natürlich, daß sie sich nach dem in dieser Kirche eingeführten Rituale richteten, und sich zugleich in andern Theilen ihres Verhaltens nach ihren ersten Wohlthätern bequemten; besonders da die Regel, welche sie beobachteten, durch den ehrwürdigen Namen Augustins geheiligt, und schon von einem ähnlichen und etwas älteren Institut, dem Hospital, aus dem nachher der mächtige Johanniter-Orden entstanden ist, als Richtschnur seiner Religionsübungen angenommen war. Indeß wurden die Tempelherren, die sich von Anfang an zur gewaffneten Vertheidigung, und nicht bloß, wie die Hospitaliter, zur Verpflegung der Pilger bestimmt hatten, bald inne, daß eine, friedlichen Chorherren vorgeschriebene, Regel nicht in allen Stücken für sie passend, und keinesweges für den ganzen Umfang der von ihnen übernommenen Pflichten hinreichend seyn könne.

Zugleich mogte auch wohl der Gedanke in ihnen entstehen und mächtig auf sie würken, daß sie, als ein ganz neues, vorher ungesehenes Institut, welches Ritterschaft und Mönchthum, die beiden Steckenpferde jener Zeit, mit einander verträglich machte und sogar verband, wohl verdienten, eine eigne Ordens-Regel zu besitzen, in welcher auf ihre, damals noch einzige, Verfassung besonders Rücksicht genommen sey. Der Gedanke ward zum Wunsch, der Wunsch ward geäußert, und fand, da seine Billigkeit einleuchtend war, auch ausser dem Orden Unterstützung. Denn zur selben Zeit, als der neue Orden sich beym Papst um die Bestätigung seines Institutes meldete, wandte er sich unter dem Schutz König Balduins von Jerusalem, eines seiner ersten Wohlthäter, an den Abt Bernhard von Clairvaux, das Orakel jener Zeit in allen geistlichen Dingen; von dessen günstigen Gesinnungen die Brüderschaft ohnehin schon gewiß seyn konnte, da er unter ihren ersten Mitgliedern zwey Freunde hatte: seinen Oheim Andreas, und wahrscheinlich auch den Grafen Hugo von Provence, dem er für die Stiftung von Clairvaux große Dankbarkeit schuldig war. Sehr begreiflich ist es also unter diesen Umständen, daß sowohl der König von Jerusalem, als der Orden sich an den ohnehin so viel vermögenden Abt wandte, und seinen Oheim Andreas an ihn absendete, um ihn theils zur Mitwürkung beym Papst für die Bestätigung des neuen, den zahlreichen Pilgern im Orient so nützlichen, Instituts, theils zur Ausarbeitung einer Regel zu vermögen, die den geistlichen Stand mit Krieg und Waffenübungen vereinigen sollte. Zu beiden Geschäften war der ehrgeizige und zugleich in einem hohen Grade thätige Bernhard sehr willig, und betrieb sie so, daß sowohl der Papst im Koncilium zu Troyes 1128 den Orden bestätigte, als auch, einer Cisterzienser-Tradition zu Folge, durch das Koncilium ihm selbst der Auftrag geschah, die Regel desselben auszuarbeiten, welche nachher Päpstliche Sanktion erhalten, und das Gesetzbuch der Tempelbrüder werden sollte. Nichts war natürlicher, als daß Bernhard mit Freuden einem Befehl gehorchte, der ihm so angenehm seyn mußte, seiner Thätigkeit so viel neue Nahrung gab, und sein Ansehen eine große Stufe höher hob. Er, ein eifriger Mönch, und selbst der zweyte Stifter und Vater des Cisterzienser-Ordens, konnte auch keine Regel für vortrefflicher und vorzüglicher halten, als die Regel Benedikts, besonders mit den höheren Bestimmungen, welche die Cisterzienser in manchen Punkten der Disciplin in ihren Klöstern eingeführt hatten. Ob diese Vorschrift aber zur Bestimmung der Tempelherren passend sey oder nicht, war er theils nicht im Stande zu untersuchen; theils mogte er es auch wohl aus Vorliebe für ein Gesetzbuch, welches er in seiner Lage für das vollkommenste halten mußte, nicht überall so genau nehmen. Genug, er empfahl Benedikts Regel mit einigen durch die Verfassung der Tempelherren nothwendig gemachten Modifikationen, und stiftete dadurch die genaue Verbindung zwischen ihnen und den Cisterziensern, deren Haupt er war. Soviel läßt sich ungefähr mit Gewißheit vom Ursprunge der Regel des Tempelordens behaupten.

<<◌>>

Auszug aus:
Münter, D. Friedrich: *Statutenbuch des Ordens der Tempelherren aus einer altfranzösischen Handschrift herausgegeben und erläutert* ... Berlin 1794, S. 450–453.

Kapitel VII
Von der innern Regierung des Ordens

Der Ausdruck, welcher mehrmals in den Statuten gebraucht wird, daß der Großmeister, (und demzufolge auch jeder rechtmäßige Obere) an Gottes Stelle gebiete, und daß die Brüder seinen Befehlen zu gehorchen verbunden seyen, als wären es Befehle Gottes; ist eine in den Mönchsorden gewöhnliche Redensart, und aus der Benediktinerregel entlehnt, wo dasselbe vorgeschrieben ist. Aber bey aller Obedienz, die jeder einzelne Bruder seinen mittelbaren und unmittelbaren Oberen schuldig war, hatte der Superior doch nichts weniger als unumschränkte Gewalt; indem jeder sich nach dem Willen seiner Oberen, nach der Stimmenmehrheit seines Kapitels, der Großmeister aber gänzlich nach seinem Konvent richten musste, und dem Generalkapitel des Ordens eben so sehr unterworfen war, als der Papst nach den freyeren Grundsätzen in der katholischen Kirche dem allgemeinen Konzil unterthan ist. Die Verfassung des Ordens hatte also weit mehr eine aristokratische als monarchische Form, und diejenigen irren sehr, die sie als ganz monarchisch beschreiben. Die höchste Gewalt war in den Händen des Generalkapitels; und weil dieses, wegen der vielen damit verknüpften Kosten und Reisen, nur selten gehalten werden konnte, übten die Dignitarien und der Konvent des Meisters sie in der Zwischenzeit von einem Generalkapitel zum andern aus. Diese Einrichtung war vollkommen statutenmäßig, indem Papst Alexander der III. in der Bulle *Omne datum optimum*, das Haus des Tempels zu Jerusalem für das Herrschende des Ordens erklärt hatte, und alle Brüder in den Verhören ohne Ausnahme eingestanden, daß die vom Meister und seinem Konvent getroffenen Verfügungen und gegebenen Gesetze im ganzen Orden gehalten wurden. Ein jeder also, welcher Sitz und Stimme im Konvent zu Jerusalem oder im Generalkapitel hatte, nahm Theil an der Regierung des Ordens, und konnte seine Meinung, wenn sie vom grössern Theil der Stimmen unterstützt wurde, selbst gegen den Großmeister geltend machen.

2. Ein solches Generalkapitel bestand aus allen hohen Ordensbeamten, aus den Provinzialmeistern und den vornehmsten Brüdern einer jeden Provinz, welche diese ohne Beschwerde mitnehmen konnten. Wahrscheinlich waren es immer zugleich die angesehensten Prioren und Komthuren. Es stand aber wohl jedem Bruder frey, ihm als Zuhörer beyzuwohnen; wenigstens finden sich Spuren, daß auch Dienende aus der geringsten Klasse, die bloß Landleute waren, und unmöglich Sitz und Stimme führen konnten, dabei gegenwärtig gewesen sind. Die eigentliche Matrikel derer, die zum Generalkapitel gehörten, haben wir nicht mehr; sie mag aber derjenigen, welche Vertot vom Generalkapitel des Malteserordens giebt, nicht unähnlich gewesen seyn; und so viel erhellet wenigstens aus dem Begriff selbst, daß im Generalkapitel, welches die ganze Macht des Ordens in sich vereinigte, Deputirte aus allen Ordensprovinzen erscheinen, und daß diese Männer von Gewicht und Ansehen seyn mussten. Der Ort, wo diese Kapitel gehalten wurden, war unbestimmt. Dasjenige, so nach dem Ableben des jedesmaligen Großmeisters Statt fand, ward gewöhnlich und am liebsten im Oriente, und nach Verlust des festen Landes in Cypern gehalten. Übrigens konnte aber der Großmeister nach jedem Orte, wo er sich aufhielt, oder wo er wollte, Generalkapitel ausschreiben. Mehrere wurden in den letzten Jahren des Ordens im Tempelhause zu Paris

am St. Johannistage als am Ordensfeste gefeyert, falls nicht, in den Aussagen, die Namen General- und Provinzialkapitel mit einander verwechselt wurden. Im Generalkapitel wurden lauter Sachen, die für den ganzen Orden von Wichtigkeit waren, vorgenommen; neue Verordnungen und Gesetze gegeben; Anordnungen, die der Konvent in der Zwischenzeit zu machen, für nöthig gefunden hatte, bestätigt, Brüder recipirt, Baillifs, Komthure und hohe Ordensbeamte ernannt, Visitatoren für einzelne Provinzen bestellt; wahrscheinlich auch in unruhigen Zeiten über Krieg und Frieden berathschlagt: mit einem Wort, alles was den ganzen Orden betraf, gehörte fürs Generalkapitel, und ward von ihm in der letzten Instanz entschieden. Auch wurden solche Fälle darin abgemacht, welche über die Befugniß der geringeren Kapitel und Oberen gingen, und allein für sein forum gehörten. Ich finde nirgend Nachricht, ob päpstliche Gesandte beym Generalkapitel des Tempelordens, wie bey vielen andern Orden, zugegen waren. Es ist mir aber nicht wahrscheinlich, daß der Orden, der alle seine innern Geschäfte mit so großem Geheimnisse trieb, und durchaus nicht erlaubte, daß seine Statuten in fremde Hände kamen, es fremden, selbst päpstlichen Abgesandten sollte verstattet haben, als Zeugen allen seinen Verhandlungen beyzuwohnen, falls nicht etwa dieses auch bey Generalkapiteln beobachtete Geheimniß aus spätern Zeiten herstammt. Wie geheim aber die Generalkapitel gehalten wurden, erhellet allein aus dem Umstande, daß selbst die Bischöfe oder Mönche, welche sie mit einer Messe und Predigt eröffneten, den Versammlungssaal gleich nach gehaltener Predigt verlassen mussten. Es konnte auch einem Orden, der so sehr das Zutrauen des Papstes genoß, und dessen Großmeister selbst Vicarius generalis des Papstes in geistlichen Dingen war, nicht schwer fallen, schickliche Vorwände zu finden, um die Gegenwart eines päpstlichen Gesandten, der sodann wohl gar hätte den Vorsitz führen wollen, abzuwenden; zumal, da die Generalkapitel wohl nicht sehr oft, und schwerlich anders als im Nothfalle, gehalten wurden. Die Ursachen dieser Seltenheit eines Generalkapitels sind leicht einzusehen; theils musste eine solche Versammlung der Deputirten des ganzen Ordens, besonders wenn sie im Orient gehalten wurde, nicht unbeträchtliche Kosten veranlassen, die dem Orden, ungeachtet seiner Reichthümer, nicht so ganz gleichgültig waren; theils konnte der Großmeister, dessen Macht beym Generalkapitel noch weit mehr als sonst eingeschränkt war, und selbst der in der Zwischenzeit von einem Generalkapitel zum andern herrschende Konvent nicht eben gerne sehen, daß es sich sehr häufig versammelte. Indeß finde ich in den Statuten durchaus nichts darüber bestimmt, wann und wie oft ein Generalkapitel gehalten werden sollte; ausgenommen, daß es immer zur Wahl eines neuen Großmeisters zusammen kommen müsse.

Auszug aus:
Münter, D. Friedrich: *Statutenbuch des Ordens der Tempelherren aus einer altfranzösischen Handschrift herausgegeben und erläutert* ... Berlin 1794, S. 473–484.

Kapitel IX
Von den Privilegien des Tempelordens

Es würde eine sehr kränkende Ausnahme von der allgemeinen Observanz gewesen seyn, wenn die Päpste einem Orden, der sich, von Anfang seines Daseins an, so vortheilhaft ausgezeichnet, und der Christenheit, nach der Denkungsart jenes Zeitalters, so große Dienste geleistet hatte, nicht solche Beweise ihrer Zufriedenheit und ihres Wohlwollens gegeben hätten, als andre religiöse Gesellschaften, deren Verdienste bey weitem nicht so glänzend waren, schon seit genauerer Zeit besaßen. Diese Belohnungen, die den Papst nichts kosteten, sondern vielmehr seinem eignen Interesse vortheilhaft waren, weil sie die Ordensgesellschaften immer genauer an den römischen Stuhl knüpften, solche den Subordinationsverbindungen mit den Bischöfen und Erzbischöfen in demselben Maaße entzogen, in dem jenes Band verstärkt wurde, und den päpstlichen Despotismus auf den Trümmern der Kirchendisciplin von einem Jahrzehnt zum andern fester gründeten; waren die Privilegien. Die Quellen, aus denen wir diese dem Tempelorden zu verschiedenen Zeiten verliehenen geistlichen und weltlichen Vorrechte ziemlich vollständig kennen lernen, sind folgende: eine Sammlung der päpstlichen Bullen im zweyten Bande von Pereiras Geschichte des Tempelordens und in der Brüsseler Ausgabe von Dupuy; eine kurze summarische Übersicht der Ordensprivilegien, welche Henriquez aus einer alten in Portugal gefundenen Handschrift seinem Buche, Regula, Constitutiones & privilegia Ordinis Cisterciensium einverleibt hat; endlich auch einzelne Stellen in den Ordensstatuten, und einige glaubwürdige Aussagen in den Verhören.

2. Der Tempelorden hatte schon beynahe dreyßig Jahre existirt, sich schon durch Tapferkeit, Wohlthätigkeit und strenge Befolgung seiner noch jungen Ordensregel großen Ruhm und reiche Geschenke und Vermächtnisse von Privatpersonen und Fürsten erworben, ehe die Nachfolger Petri daran dachten, ihm auch aus der Fülle ihres Gnadenschatzes geistlichen und weltlichen Segen angedeihen zu lassen. Wahrscheinlich hatte die damals noch unverdorbene und mit ihrer Lage zufriedene Gesellschaft keine außerordentlichen Begünstigungen verlangt: und es ist sehr zu vermuthen, daß Rom eben nicht freygebig mit Gnadenbezeugungen gegen solche war, die sich nicht um sie bewarben; da die Politik bey der großen Menge Suchenden in der Austheilung solcher Geschenke die strengste Sparsamkeit zum unverbrüchlichen Gesetz machte.

Als aber die beständigen Nebenbuhler des Tempelordens, die Ritter des Hospitals, von mehreren Päpsten ansehnliche Privilegien erhalten hatten: besonders von P. Paskal II., von Erlegung der Zehnten an die Bischöfe, und nicht lange darauf von Innocenz II. selbst von der bischöflichen Jurisdiktion befreyet wurden; war es keinesweges zu verwundern, daß die Tempelherren nicht länger zurückstehen wollten, und sich um ähnliche Privilegien beym römischen Hofe bewarben. Sie konnten auch in der That keinen günstigeren Zeitpunkt treffen, als den, da Eugen III., ein Schüler Bernhards und ein ehemaliges Mitglied des mit ihnen so nahe verwandten Cisterzienserordens auf dem Stuhle Petri saß.

Dieser Papst wohnte einem Kapitel des Ordens in Paris 1147 bey, und gab ihm entweder während desselben, oder bald nachher, durch eine an alle Prälaten erlassene Bulle, das für seine Bereicherung sehr zuträgliche Privilegium, daß wenn Tempelbrüder in Ordensgeschäften um Almosen einzusammeln (ein Recht, welches sie schon von einem seiner Vorfahren erhalten hatten) an interdicirte Orte kämen; sie sich die Kirche einmal im Jahr öffnen lassen, und nach Entfernung der Excommunizirten Messe hören dürften. In jenen Zeiten war es etwas sehr häufiges, daß, besonders kleinere Distrikte, von den Bischöfen mit Interdikt belegt wurden: es musste daher dem Volke eine sehr angenehme Erscheinung seyn, wenn ein Fremder, der an das Interdikt nicht gebunden war, auf seiner Durchreise konnte Gottesdienst halten lassen; und es ist leicht zu vermuthen, daß ein solcher, wenn er zugleich Almosen sammelte, reiche Erndte finden musste: zumal da der Papst den Bischöfen ausdrücklich anbefohlen hatte, das Volk zur Freygebigkeit gegen den Orden zu ermahnen. Eben so vortheilhaft für die Vermehrung der Ordenseinkünfte, worauf die Tempelherren sehr frühe bedacht waren, war das ihnen in derselben Bulle ertheilte Privilegium, wodurch den Büßenden, welche dem Orden jährliche Almosen zufließen liessen und selbst Mitbrüder desselben wurden, ein siebenter Theil der ihnen zur Büßung auferlegten guten Werke erlassen war. Wenn man bedenkt, daß besonders vornehmen Sündern große Bußen auferlegt wurden, so ist es leicht begreiflich, welche Vortheile dem Tempelschatz aus dieser einen Begünstigung zufließen mussten; da mancher sich auf diese Weise von einem beträchtlichen Theile seiner weit beschwerlicheren Büßungen loskaufen, und noch dazu die Gunst eines mächtigen Ordens, die Brüderschaft und

Theilnahme an seinen geistlichen Gütern, vielleicht gar die Aufnahme eines Sohns oder andern nahen Verwandten, erwerben konnte.

Indeß waren die Vortheile, welche der Tempelorden durch die Gewogenheit des ihm so günstigen Papstes Eugen erhielt, bey weitem nicht so groß, als die, welche die Hospitaliter damals schon besaßen; indem dieser Orden sich sogar von der Gerichtsbarkeit der Bischöfe loszureissen gewusst hatte. Es ist aber nicht schwer, die Ursachen dieses beym ersten Anblick befremdenden Umstandes zu entdecken; sobald wir bedenken, daß der heil. Bernhard, den sowohl der Papst als die Tempelherren als ihr Orakel verehrten, und dessen Einfluß unglaublich groß war, über diesen Punkt der Kirchendisciplin, ungeachtet er selbst ein Mönch, und sogar das Haupt eines eigenen Ordens war, sehr vernünftig dachte, und die von den Päpsten der regulären Geistlichkeit ertheilten Exemtionen als einen überaus verderblichen Eingriff in die Rechte der Bischöfe ansah; zugleich aber auch diese seine Überzeugung mit seiner gewöhnlichen Freymüthigkeit, so oft sich die Gelegenheit dazu darbot, äusserte, alle Exemtionen und Immunitäten als ungerecht und unbefugt verwarf, den Äbten selbst ihren Übermuth und Ungehorsam vorrückte, und die Inconsequenz ihrer Handlungsart verwies, daß Sie, die von ihren Untergebenen strengen und uneingeschränkten Gehorsam forderten, ihn selber ihrer natürlichen Obrigkeit versagten. Eine solche, obgleich ungewöhnliche und unerwartete, Denkungsart des von seinem Zeitalter allgemein verehrten Mannes konnte wohl auf seine geliebten und ihm sehr ergebenen Schüler, die Tempelherren, so viel Einfluß haben, daß sie den sicher in ihnen entstandenen Wunsch nach der Exemtion, so lange er lebte, unterdrückten; oder aber, der Papst konnte aus Hochachtung gegen ihn abgehalten werden, einem Orden, dessen Bernhard sich so sehr annahm, und an dem er so großen Antheil hatte, von ihm so lebhaft gemißbilligte Privilegien zu ertheilen.

3. Indeß erhielten die Tempelherren einige Jahre später, wenigstens für den größten Theil, dieses so sehr gewünschte Vorrecht.

Bernhard starb im Jahr 1153, und mit ihm der letzte kräftige Eifer für Erhaltung der alten Kirchendisciplin. Alexander III., den die Tempelherren in der zwischen ihm und Victor IV. streitigen Wahl im Jahr 1160 anerkannt hatten, bezeugte ihnen dafür große Gewogenheit, befahl dem Erzbischof von Rheims, sie aus allen Kräften gegen diejenigen zu vertheidigen, welche ihre Güter und andere Besitzungen angreifen wollten, und selbst den Bann gegen diese zu gebrauchen, wenn die gelinderen Mittel fruchtlos wären, und erneuerte die dem Orden von Eugen III. gegebenen, und schon von Hadrian IV. bestätigten Privilegien. Dieser Schutz, den er den Tempelherren, die sich auch in allen ihren Streitigkeiten unmittelbar an ihn wendeten, angedeihen ließ, war aber nur ein geringes gegen alle die Vorrechte, welche er ihnen im Jahr 1172 durch die unter dem Namen *Omne datum optimum* herausgegebene Konstitution ertheilte, die als die Grundlage aller Freyheiten des Ordens angesehen zu werden verdient, und von den Tempelherren selbst als eine solche angesehen ward; daher ihrer auch einige Male in den Prozessen Erwähnung geschieht. Diese wichtige Konstitution gab dem Tempelorden beynahe eine völlige Befreyung von der Gewalt der Bischöfe, indem Alexander III. darin erklärte, daß er den Orden mit allen seinen Gütern und Besitzungen, den jetzigen und denen, so er in Zukunft, durch Gunst der Päpste, Könige und Fürsten, und durch Geschenke von Gläubigen, oder auf jede andre rechtmäßige Weise, erwerben könne, unter den Schutz des Apostolischen Stuhls nehme.

Durch diese Erklärung wurden die Tempelherren nun besonders von der ihnen so lästigen Jurisdiktion des Patriarchen von Jerusalem befreyt, obgleich noch nicht alle Verbindungen zwischen ihnen und den Bischöfen aufgehoben waren; wiewohl sich nicht genau bestimmen lässt, in wiefern sie ihnen noch untergeordnet blieben. Daß aber dergleichen damals noch Statt gefunden habe, erhellet theils aus den bald hernach erhobenen Klagen der Prälaten über die Orden in Rücksicht auf die bischöfliche Jurisdiktion, theils auch besonders daraus, daß Innozenz III. dem Orden zu allererst vollkommene Exemtion zugestand, welches unnöthig gewesen wäre, wenn er sich schon vorher im Besitz derselben befunden hätte. Mit dieser für den Tempelorden so wichtigen Erklärung war zugleich das Verbot an alle Weltlichen und Geistlichen verbunden, seine Gebräuche und Observanzen auf irgend eine Weise zu stören: woraus denn natürlich folgte, daß es keinem Fremden mehr erlaubt war, sich in seine inneren Geschäfte zu mischen. Eine Wirkung dieser Independenz war nun nicht bloß die Befreyung von der Erlegung aller Zehnten, sowohl von den Ländereyen, welche ihnen eigenthümlich gehörten, als auch von solchen, die sie gemiethet hatten, falls sie sie nicht gutwillig erlegen wollten; (ein Recht, welches die Cistercienser schon seit 1132 besaßen): sondern auch die Erlaubniß, selber Zehnten, sowohl von Geistlichen als von Laien, jedoch dieses Letztere mit der Bewilligung der Bischöfe, zu heben. Zugleich erlaubte der Papst den Tempelherren, bey ihren Wohnungen eigne Bethäuser zu erbauen, und ihre Todten daselbst zu begraben; auch überall an jedem Orte, wo sie hinkämen, die Sakramente der Kirche zu genießen. Dieses letzte war eine fast unbegrenzte Erweiterung jenes obengenannten Privilegii, welches ihnen vergönnte, an jedem interdizirten Ort, auf ihren zum Kollectensammeln unternommenen Reisen einmal im Jahre Messe zu hören. Demzufolge fand nun nirgend ein Interdikt Statt, an dessen Beobachtung die Tempelherren gebunden seyn konnten, falls der Papst nicht die größte Strenge in einem ausserordentlichen Falle gebot, und dadurch selbst ihre Privilegien für dieses Mal suspendirte.

So lange der Orden unter der völligen Jurisdiktion der Ordinarien gestanden hatte, waren diese seine geistlichen Oberen, und daher war es ihr Amt gewesen, ihn mit Priestern zur Haltung des Gottesdienstes in seinen Kirchen zu versehen. Der Orden bestand damals auch nur aus zwey Klassen, Rittern und Dienenden. Seine Exemtion machte aber einen freyern Gottesdienst durch eigne von den Bischöfen unabhängige Priester nöthig; und in dieser Absicht gab Alexander III. ihnen nach dem Muster des Hospitals Kapelläne, deren Ordinarius einzig der Papst, und deren Superior der Großmeister war. Dieser konnte daher Geistliche, die in den unteren oder geringeren Weihen standen, mit Dimissorialschreiben an einen jeden Bischof senden; gleichgültig, ob er der Diöcesanbischof war oder nicht; und dieser war verpflichtet, sie hierauf zu ordiniren.

Sie konnten auch Priester von den Bischöfen und Diöcesen, worin sie wohnten, verlangen, und selbst wider Willen derselben behalten und zu Tempelbrüdern aufnehmen, nur mussten solche Priester vorher in keinem andern Orden gewesen seyn. Endlich verbot der Papst jedem Tempelbruder, der einmal Profeß gethan hatte, unter irgend einem Vorwande, ohne vorhergegangene Erlaubniß seiner Brüder und des Meisters, den Orden zu verlassen, um in einen andern zu treten, und untersagte zugleich allen Geistlichen und Weltlichen, einen solchen Abtrünnigen anzunehmen. Die Errichtung einer vom Papst und Großmeister allein abhängigen Priesterklasse machte es nun auch nothwendig, daß die Priester ihre eignen Privilegien erhielten, ohne welche sie sich in ihrem exemten Zustande nicht behaupten konnten. Wann sie aber diese bekommen haben, und ob das auf einmal, oder nach und nach geschah, ist mir nicht bekannt: doch ist es wahrscheinlich, daß wenigstens ein Theil derselben von Alexander III. herrührt. Diese Privilegien waren nach dem, was wir von ihnen wissen, sehr beträchtlich. Es wird in den Statuten gesagt, daß die Tempelpriester grössere Rechte gehabt, als Bischöfe und Erzbischöfe, und in den Pariser-Verhören drückt ein Ordens-Kapellan sich darüber folgender Gestalt aus: „es würde behauptet, daß die Ordenspriester dieselbe Macht über ihre Ordensbrüder als Äbte über ihre Mönche hätten.“ Zu diesen Vorrechten gehörten denn hauptsächlich das Recht an interdiktirten Orten Messe zu lesen, und ausgedehnte Fakultäten im Punkt der Absolution. Ein Tempelpriester konnte nemlich von allen Sünden loszählen, von denen ein Bischof oder Erzbischof aus eigner Macht lösen konnte; und nur solche Vergehungen, welche damals als Casus reservati angesehen wurden, z.B. Simonie, Mord, Gewaltthätigkeit an einem Christen, Verleugnung der Weihen, und Apostasie, wovon selbst ein Bischof nur vermöge seiner Fakultäten absolviren konnte, waren gleichfalls über die Privilegien der Tempelpriester, die sich dann an einen mit den Fakultäten versehenen Bischof oder an den Papst selbst zu wenden hatten.

4. Von der Zeit an, als die Tempelherren so große Vorrechte erhielten, hörte das gute Verständniß, welches bisher zwischen ihnen und den Bischöfen gewesen war, gänzlich auf. Die eine Parthey glaubte sich nun berechtigt, die andre als ihren Feind anzusehen; und so wie jene ihre Privilegien auszudehnen suchten, so strebten diese, das geringe Ansehen, welches der Römische Hof ihnen noch gelassen hatte, zu behaupten, und die Tempelherren sowohl als die Hospitaliter, gegen welche dieselben Klagen Statt fanden, so viel als ihnen noch möglich war, einzuschränken.

Die Beschwerden der Bischöfe wurden noch unter Alexanders Pontifikat in der dritten Lateranensischen Kirchenversammlung 1179 laut, da besonders die orientalischen Bischöfe beide Ritterorden beschuldigten, daß sie ihre Privilegien missbrauchten, Kirchen aus Leienhänden ohne Beistimmung der Ordinarien empfingen, Exkommunizirten und Interdizirten die Sakramente reichen ließen, und ihnen kirchliches Begräbnis zugeständen; daß sie ferner ohne Theilnahme der Diöcesan-Bischöfe, Priester in ihren Kirchen ein- und absetzten; in einer interdizirten Kirche wider ihre Privilegien mehr als einmal im Jahre Messe lesen ließen, und diese Vorrechte sogar ihren Mitbrüdern, welche doch keine Ordensleute wären, zugeständen. Diese zum Theil nicht bloß gegen die beiden Ritterorden, sondern gegen die ganze reguläre Geistlichkeit sehr gegründeten Klagen, bewogen das Konzilium, ihre Privilegien beträchtlich einzuschränken, indem ihnen nun alle Verbindung mit Exkommunizirten oder Interdizirten verboten, und zugleich untersagt ward, Zehnten, oder Kirchen, ohne Bewilligung der Bischöfe aus Laienhänden zu empfangen; wozu noch der harte Befehl kam, die, welche sie seit kurzem solchergestalt erworben, wieder herauszugeben.

Sie erhielten auch die ernstliche Weisung, sich nicht mehr als einmal im Jahr dieselbe interdizirte Kirche öffnen zu lassen, niemand darin zu begraben, und nur diejenigen, welche völlig zu ihnen getreten waren, ihrer Privilegien theilhaftig zu machen, indem diese, so lange sie im Besitz ihres Eigenthums blieben, und fortführen in der Welt zu leben, gänzlich unter der Jurisdiktion und Zucht der Bischöfe stehen sollten. Auf die übrigen Klagen ward nicht so viele Rücksicht genommen; und besonders ward ihnen das Recht bestätigt, daß sie in den Kirchen, die ihnen pleno Jure gehörten, die sie nemlich selbst erbauet hatten, und daher von Ordenspriestern bedienen ließen, die Priester ohne Erlaubniß der Ordinarien ein- und absetzen durften; hingegen verstand sich nun auch von selbst, daß dieses Recht ihnen nicht in den Kirchen zukommen konnte, über welche sie kein vollkommnes Eigenthumsrecht hatten. So strenge Alexander III. die Tempelherren in diesem Konzil in die Schranken der Ordnung zurück wies; so blieb er doch seinen alten Freunden nicht minder gewogen: ja er nahm sie auch in der Folge gegen alle diejenigen in Schutz, welche die Dekrete des Lateranischen Konzils zu weit zu ihrem Nachtheil ausdehnten, und sie besonders, ungeachtet ihrer Privilegien, zur Erlegung von gewissen Arten von Zehnten anhalten wollten. Dieses untersagte der Papst aufs strengste, und befahl sogar, Geistliche, welche sich solchergestalt an den Tempelherren vergriffen, mit Suspension, Laien aber mit dem Bann, zu strafen, bis sie ihnen hinlänglichen Ersatz geleistet hätten. Seine Nachfolger im Pontifikate waren dem Orden eben so gewogen, als er. Lucius II. bestätigte alle Privilegien und schützte ihn sehr nachdrücklich gegen die Bischöfe und Prälaten, die ihn immer noch anfeindeten und selbst seine Befreyung von Erlegung der Zehnten, ungeachtet aller päpstlichen Bullen, nicht wollten gelten lassen. Dasselbe that sein Nachfolger Urban III. in einer geschärften Bulle, da die Klagen der Tempelherren über die Drückungen der Bischöfe in Rücksicht auf die Einforderung der Zehnten immer noch fortwährten. Auch befahl dieser Papst, alle, welche Thätlichkeiten gegen Tempelbrüder verübten, öffentlich in den Bann zu thun, und untersagte den Bischöfen und Prälaten in einer Bulle, die wir nicht mehr haben, vom Tempelorden den vierten Theil der Almosen zu fordern, welche Leute die in seinen Kirchen begraben würden, ihm vermacht hätten. Er erlaubte endlich den Rittern, an den von Sarazenen eroberten Orten Kirchen zu bauen, und erklärte diese, da sie pleno Jure Ordenskirchen wären, für exemt und dem päpstlichen Stuhl allein unterworfen.

Auszug aus:
Münter, D. Friedrich: *Statutenbuch des Ordens der Tempelherren aus einer altfranzösischen Handschrift herausgegeben und erläutert* ... Berlin 1794, S. 495 f.

Aus dieser kurzen Darstellung der Privilegien, welche die Tempelherren von den Päpsten erhalten hatten, ist soviel augenscheinlich; daß die Autorität und Jurisdiction der Bischöfe durch dieselben überall beeinträchtigt, und daß zugleich die ihnen untergeordnete Geistlichkeit auf alle Weise vervortheilt wurde.

Gänzliche Exemtion und Unabhängigkeit; gänzliche Befreyung von allen öffentlichen Abgaben zum Besten der Kirche, und Erleichterung aller möglichen Mittel, sich selbst Geld zu erwerben; dabey die höchst mögliche Gunst im möglichst privilegirten Forum: Dieß ist die Summa aller Privilegien des Ordens. Ihre Größe und ihr Umfang, den nur die Privilegien der Bettelmönche, wodurch alle Kirchendisciplin vollends niedergerissen wurde, übertroffen haben, musste schon alle, welche durch sie an ihren Rechten und Vortheilen gekränkt wurden, zu lebhaftem Unwillen reizen.

Bedenken wir nun zugleich den Stolz und die Arroganz, womit die Tempelherren diese ihre Vorzüge geltend zu machen, sich selbst gegen die Bischöfe und die übrige Geistlichkeit Recht zu schaffen, und immer neue Freyheiten zu erwerben wussten; so ist es kein Wunder, daß sie bey der ganzen Klerisey äusserst verhasst wurden; es ist kein Wunder, daß sogar Bischöfe zu ihrer Ausrottung die Hände boten, sobald die Gesinnungen König Philipps gegen sie bekannt wurden, und sobald man sah, daß der Papst nicht vermögend sey, sie gegen den übermächtigen Despoten im Besitz ihrer Privilegien zu schützen; kein Wunder endlich, daß dieser bittere Haß nur durch die gänzliche und blutige Ausrottung des ganzen Ordens befriedigt werden konnte!

Aber wohl ist das ein Wunder, daß andre Orden, welche ihre Privilegien eben so missbrauchten und sich eben so sehr gegen alle rechtmäßige Obrigkeit, in der Kirche auflehnten, am traurigen Untergange der Tempelherren kein Exempel nahmen; sondern es darauf ankommen ließen, ob sich ein zweyter König Philipp der Schöne finden würde, dem auch ihre Schätze anständig wären.

Literaturliste (Auswahl)

Verschwörungstheorie allgemein

Bieberstein, Johannes Rogalla von: *Die These von der Verschwörung 1776–1945. Philosophen, Freimaurer, Juden, Liberale und Sozialisten als Verschwörer gegen die Sozialordnung*. Bern 1976.

Butter, Michael: *„Nichts ist, wie es scheint". Über Verschwörungstheorien*. Berlin 2018.

Eco, Umberto: *Das Foucaultsche Pendel*. München 1989.

Evans, Richard J.: *Das Dritte Reich und seine Verschwörungstheorien. Wer sie in die Welt gesetzt hat und wem sie nutzen*. München 2020.

Frenschkowski, Marco: *Die Geheimbünde. Eine kulturgeschichtliche Analyse*. Wiesbaden 2007.

Grüter, Thomas: *Freimaurer, Illuminaten und andere Verschwörer. Wie Verschwörungstheorien funktionieren*. Frankfurt 2008.

Gugenberger, Eduard / Petri, Franko / Schweidlenka, Roman: *Weltverschwörungstheorien. Die neue Gefahr von rechts*. Wien 1998.

Primor, Avi: www.dradio.de/dkultur/sendungen/thema/1177291/

Reinalter, Helmut: *Die Weltverschwörer. Was Sie eigentlich alles nie erfahren sollten*. Salzburg 2010.

Reinalter, Helmut (Hg.): *Aufklärung und Geheimgesellschaften. Zur politischen Funktion und Sozialstruktur der Freimaurerlogen im 18. Jahrhundert*. München 1989.

Rupnow, Dirk: *Pseudowissenschaft. Konzeptionen von Nichtwissenschaftlichkeit in der Wissenschaftsgeschichte*. Frankfurt 2009.

Verschwörungstheorien. Kursbuch 124. Berlin 1996.

Wilson, Robert Anton: *Das Lexikon der Verschwörungstheorien. Verschwörungen, Intrigen, Geheimbünde*. Frankfurt 2000.

Illuminaten

Bode, Johann J. Christoph: *Journal von einer Reise von Weimar nach Frankreich. Im Jahr 1787*. Hg. Hermann Schüttler, München 1994.

Dülmen, Richard van: *Der Geheimbund der Illuminaten. Darstellung, Analyse, Dokumentation*. Stuttgart 1975.

Frietsch, Wolfram: *Die Illuminaten. Geschichte, Herkunft, Ziele*. Graz 2010, [2]2022.

Neugebauer-Wölk, Monika: *Esoterische Bünde und Bürgerliche Gesellschaft. Entwicklungslinien zur modernen Welt im Geheimbundwesen des 18. Jh.* Göttingen 1995.

Reinalter, Helmut [Hg.]: *Der Illuminatenorden (1776–1785/87): Ein politischer Geheimbund der Aufklärungszeit.* Frankfurt/M. 1997.

Schaeper-Wimmer, Sylva: *Augustin Barruel, S. J. (1741–1820). Studien zu Biographie und Werk.* Frankfurt a. M. 1985.

Die Protokolle der Weisen von Zion

Ben-Itto, Hadassa: *„Die Protokolle der Weisen von Zion". Anatomie einer Fälschung.* Berlin 1998.

Cohn, Norman: *„Die Protokolle der Weisen von Zion". Der Mythos von der jüdischen Weltverschwörung.* Baden-Baden 1998.

Eco, Umberto: *Der Friedhof in Prag.* München 2011.

Eco, Umberto: *Im Wald der Fiktionen. Sechs Streifzüge durch die Literatur.* Frankfurt 1999.

NS-Ideologie und Thule-Gesellschaft

Goodrick-Clarke, Nicholas: *Die okkulten Wurzeln des Nationalsozialismus.* Graz 1997.

Hakl, Hans Thomas: *Nationalsozialismus und Okkultismus.* In. „Die wahre Magie ist ein Akt der Liebe". Drei Aufsätze und Bibliografie von H. T. Hakl zum 60. Geburtstag. Sinzheim 2007.

Webb, James: *Das Zeitalter des Irrationalen. Politik, Kultur und Okkultismus im 20. Jahrhundert.* Wiesbaden 2008.

Webb, James: *Die Flucht vor der Vernunft. Politik, Kultur und Okkultismus im 19. Jahrhundert.* Wiesbaden 2009.

Die geheimen Templer

Dinzelbacher, Peter: *Die Templer. Ein geheimnisumwitterter Orden?* Freiburg 2002.

Introvigne, Massimo: *Dan Brown „Das Sakrileg". Antworten von Massimo Introvigne auf einige immer wiederkehrende Fragen.* In: *Gnostika* 38, 12. Jg., März 2008. S. 71–85.

Lincoln, Henry / Baigent, Michael / Leigh, Richard: *Der heilige Gral und seine Erben. Ursprung und Gegenwart eines geheimen Ordens. Sein Wissen und seine Macht.* Bergisch-Gladbach 1988.

Lincoln, Henry / Baigent, Michael / Leigh, Richard: *Das Vermächtnis des Messias. Auftrag und geheimes Wirken der Bruderschaft vom Heiligen Gral.* Bergisch-Gladbach 1990.

Geheimdienste und Verschwörung: CIA, JFK und 9/11

11. September 2001. APuZ, 61. Jhg. 27/2011. 4. Juli 2011.

Bröckers, Mathias / Walther, Christian C.: *11. 9. Zehn Jahre danach. Der Einsturz eines Lügengebäudes.* Frankfurt 2011.

Bernstein, Carl / Woodward, Bob: *Die Watergate-Affäre.* München 1974.

Greiner, Bernd: *11. September. Der Tag, die Angst, die Folgen.* Bonn 2011.

Grey, Stephen: *Das Schattenreich der CIA. Amerikas schmutziger Krieg gegen den Terror.* München 2006.

Ulfkotte, Udo: *Verschlußsache BND.* München 1997.

Woodward, Bob: *Geheimcode Veil. Reagan und die geheimen Kriege der CIA.* München 1987.

Auszüge aus den Originalschriften der Illuminaten und Templer

Dinzelbacher, Peter: „Der historische Tempelorden". In: *Templer I. Statutenbuch des Ordens der Tempelherren aus einer altfranzösischen Handschrift herausgegeben und erläutert von* D. Friedrich Münter. Sinzheim 2002. S. 11, 17.

Münter, D. Friedrich: *Statutenbuch des Ordens der Tempelherren aus einer altfranzösischen Handschrift herausgegeben und erläutert. Erster Theil.* Berlin 1794. S. 1–3, 450–453, 473–484, 495 f.

Von dem gefährlichsten Plane der Illuminaten und von den wechselseitigen Pflichten der christlichen Fürsten und Unterthanen nach dem Grundriße der christlichen H. Religion. Eine Schrift gewidmet dem Bedürfnisse jetziger Zeiten. Donauwerd 1796. S. 3–12.

Weishaupt, Adam: *Das verbesserte System der Illuminaten mit allen seinen Graden und Einrichtungen.* Frankfurt und Leipzig, in der Grattenauerischen Buchhandlung 1788. S. 15–25, 42–59, 320 f, 413–416.

Vom selben Autor erschienen:

Die Symbolik der Epiphanien in Peter Handkes Texten
Strukturmomente eines neuen Zusammenhanges
228 Seiten / 2. Auflage / ISBN 978-3-935164-13-9.

Peter Handke – C.G. Jung
Selbstsuche – Selbstfindung – Selbstwerdung
Der Individuationsprozess in der modernen Literatur
am Beispiel von Peter Handkes Texten
256 Seiten / 2. Auflage / ISBN 978-3-935164-01-6.

Die Traumfahrt der Zauberflöte
Individuation und Archetypus: Mozarts Zauberflöte
aus der Sicht der Psychologie C.G. Jungs
268 Seiten / 2. Auflage / ISBN 978-3-935164-09-2.

Die goldene Spur in Hermann Hesses Steppenwolf
Interpretation, Analyse und Betrachtung
144 Seiten / ISBN 978-3-935164-11-5.

Intersubjektivität und Macht
Eine phänomenologische Untersuchung basierend auf Edmund Husserls
„Die Krisis der europäischen Wissenschaften und die transzendentale
Phänomenologie“ bezogen auf magische Diskursfelder im Umkreis
der Ethnologie als Raum „wilden Denkens“ in der Kultur
212 Seiten / 2. Auflage: ISBN 978-3-935164-14-6.

„Wilhelm Meister, Anton Reiser und Ich“
Versuch über Resilienz in der Literatur
149 Seiten / Ergon Verlag 2022 / ISBN 978-3-98740-003-2.

Die Illuminaten
Geschichte, Herkunft, Ziele
160 Seiten / 2. Auflage / V. F. Sammler 2022 / ISBN 978-3-85365-248-0.

scientia nova
Verlag Neue Wissenschaft
www.scientia-nova.de